3社を新規上場に導いた経営参謀が指南、
株式市場を裏切らない経営計画とは?

実戦!
上場スタート

ショーケース・ティービー取締役、中小企業診断士
佐々木 義孝
Yoshitaka Sasaki

財界研究所

はじめに

私は、２００6年、２０１0年、２０１5年と3社のＩＰＯ（新規株式公開）に事業会社側として携わりました。

私の知る限りですが、企業の役員の中で3社のＩＰＯに事業会社側の中心的役割として携わった人はそう多くはいないのではないかと思っています。しかも、業種、業態、規模もそれぞれ違います。

その経験は、今後上場を果たそうとされる方々のお役に少しは立てるのではないかと思っています。しかも、私は創業者ではなく、それをサポートする立場でしたから、創業者とどのように信頼関係を築いて仕事をしていくかということについて、気になる方も多いのではないでしょうか。

もう一つは、ＩＰＯに携わった3社とも、現在も上場を維持しており、継続企業として事業を行っています。上場してすぐに下方修正といった事態になっておりませんし、さらには上場の直前期も申請期も下方修正していません。それはもちろん創業者である経営トップの力ではありますが、私自身そうした企業のＩＰＯに携わったことで、上場する企業として必要なことが、おぼろげながら見えてきたような気がしています。

ＩＰＯを実現して、すぐに下方修正するような事態は、投資家の立場から見ればあってはならない事だと思います。後述しますが、この事態が最近「上場ゴール」などと呼ばれ、問題になってきました。

私としては、非常に残念な事態を目の当たりにして、このようなことを繰り返すことのないようにと思い、また、私自身も上場企業の一員として自戒の意味も込めて、これまでの体験談を含めて参考にして頂きたいと思い筆を執った次第です。

もちろん、たまたま私がＩＰＯに携わった3社はそういう事態になっていないということであり、上場企業の一員としては、常に自らの襟を正す必要があると考えております。

本書が、これからＩＰＯを目指す企業のお役に立てることを願っています。

目次

第1章 「上場ゴール」とは何か？

第2章 なぜ、「3度のＩＰＯ」が成就できたか？

第3章 経営計画はこう作る！

第5章 「経営参謀」の心構え

第1章

「上場ゴール」とは何か？

ＩＰＯ市場が活況を呈する中…

２０１５年１１月４日、日本郵政グループの持株会社である日本郵政株式会社、そして子会社のゆうちょ銀行、かんぽ生命保険のグループ３社が、東証１部に新規株式公開（ＩＰＯ）しました。１９８７年のＮＴＴ以来の超大型上場に市場は沸いたのは記憶に新しいところです。日本郵政の売り出し価格は１４００円でしたが、初日から株価はこれを大きく上回り、１７６０円で取引を終えました。

マーケット環境は、２０１５年８月に入ってからの中国経済急減速、原油価格の暴落など、世界経済の低迷によって、日本の株式市場も下落を余儀なくされました。その中で、日本郵政グループ３社の株価もＩＰＯから暫く経過した後は下落傾向、未だに厳しい状況が続いているようです。

それでも全体で見れば、ＩＰＯ社数は増加しています。リーマン・ショックの影響で２００９年には19社にまで件数は激減しましたが、その後、毎年件数を伸ばし、２０１５年は93社。２０１６年も、年初には１００社を超えると言われていました。

しかし、2015年には、上場企業にとって耳にしたくないフレーズが言われるようになりました。それが「上場ゴール」という言葉です。

言うまでもなく、IPOによって、企業は市場から多額の資金を集めることができ、それを元手に事業拡大や新規事業開拓に乗り出します。つまり、一般的にIPOは企業を成長させるための手段であるはずです。

この「上場ゴール」とは、市場の期待を集めて上場した企業が、上場後わずかの期間で業績を下方修正し、株価が急落するような現象や、元から株式を保有している経営陣が、自らの保有株式を売却して売却益（キャピタルゲイン）を得る、つまり創業者利得を得ることが目的の（ように見える）上場など、本来の目的とは違った（ように思われる）上場のことを指しています。

2015年には、この現象が頻発したために、このフレーズが多く聞かれるようになりました。期待の新興企業が、一転して投資家から目の敵にされる姿は市場に冷や水を浴びせる形になりました。

日本取引所グループは2015年3月31日付で「最近の新規公開を巡る問題と対応について」と題する文書を発表しました。その中では「大変残念なことに、最近、新規公開会社の経営者による不適切な取引など、新規公開に対する株主・投資者の信頼を損ないかねない事例が散見されます。こうした事例の発生は、今後の新規公開ひいては成長企業への円滑な資金供給に水を差しかねないものであり、決して看過できるものではありません」と述べられています。

主幹事証券会社から見た「上場ゴール」

今、日本政府は安倍政権によるアベノミクス、「3本の矢」の成長戦略の中で、ベンチャー企業、新産業を生み出すことに力を入れています。ベンチャー企業としては追い風と言える非常に心強い動きです。

ただ、その波に良い形で乗れればいいのでしょうけれども、「事業を成功させて社会に貢献する」という志以上に「マーケットから資金を調達しやすい」、「多額の資金を早めに調達したい」という思いが先行し過ぎていなかったか?という問いかけは必要なのではないかと思います。

この「上場ゴール」について、主幹事証券会社の立場ではどう思っているのかを知りたくて、ＳＢＩ証券さんに考えを聞いてみました。お話しをしていただいたのは、コーポレート部長を務めている明石直人さんです。

「上場ゴールとは何だろう？ということを考えた時、明確な回答は難しいと思っています。ただ、主幹事証券会社として一番気にすべきなのは、上場に向けて様々な利害関係者がいる中で『上場をゴールと考えている人がいるとすれば誰なのか？』ということを、強く意識してＩＰＯに向かっていかなければならないということだと考えています」（明石さん）

「上場ゴール」になってしまう理由は、企業によって様々だそうですが、明石さんによれば、経営のバトンタッチを見据えずに「相続対策」だけを考えて上場しようとする企業、上場をして燃え尽きてしまう企業、あるいは大株主やベンチャーキャピタル（ＶＣ）が早めに利益確定をしたいケースといろいろ理由があるようです。

「上場後、継続して頑張ろうと思っていない人も実際にいますから、そういう人たちの思惑で、歪んだ形で利益を得られるような事態をできる限り排除していくのが主幹事証券会社の務めだろうと思っています」（明石さん）

もう一つ、明石さんは「上場ゴール」の要因としてバリュエーション（その企業の事業計画や類似企業との比較、市場環境や成長性などから算出する株主価値評価）の判断ミスを挙げています。

そこには、主幹事を獲得したい証券会社と、自社の株価をできる限り高く評価して欲しい上場を目指す企業（発行体側）の思惑が交錯しています。

ただ、一般的に主幹事証券会社を選定するのは、ＩＰＯから遡ること2年以上前です。その際に行った価値算定が正しいかどうかは作業を進めてみなければわからないものです。しかし、ＩＰＯを目指す企業としては一番高く評価してくれた証券会社を選ぶものです。

ですから証券会社は他社に打ち勝つために、株価をできる限り高く算定するためのロジックを組むのが腕の見せ所になるそうです。逆に言えば、ＩＰＯに向けた作業中に「実際にはバリュエーションは半分でした」とは言いづらい、という心理に陥るケースも出てきます。バリュエーションを維持しなければ、主幹事を替えられてしまうかもしれないからです。

「仮に、発行体側に上場をゴールだと考えている人がいた場合、それに抗うことができるくらいのロジックで適切なバリュエーションを付けられているかどうかというところが一番のポイントになるのだと思います。理想を言えば、最初に付けたバリュエーションとＩＰＯ直前のバリュエーションの算定に透明性を持たせるような仕組みづくりが必要なのかもしれないと思います。それは上場をスタートだと考えている企業を守ることにもつながります」（明石さん）

お話しを聞いて、ＩＰＯを目指す発行体企業、主幹事証券会社、ＶＣなど、それぞれの思惑のせめぎ合いの中で生まれた〝歪み〟のようなものが、「上場ゴール」という現象を生んでいるのかもしれないと感じました。

株式市場からの「信用」を得るために

確かに経営者は自らに対して「絶対にいける」と思える自信家でなければ務まらないものだと思います。ですから事業の成功には自信を持つ一方、資金調達にあたっての自社のバリュエーションには慎重な見方をする……といったバランスを持つことが非常に大事なのではないかと思います。

ベンチャー企業の場合、「高い成長性」が求められる現実がありますが、本来、企業は継続性が重要であります。走ることに例えるならば、「短距離走」ではなく「長距離走」を走るべきものだと思います。自らの身体能力を見極め、自らのペースを守り、虎視眈々と相手の背中についていき、ここぞという場面ではダッシュを図る、このような地道で着実な姿勢で臨むことが継続性につながるものと考えています。

しかし、「短距離走」を走っているような企業がＰＥＲ（株価収益率）で１００倍などという値で評価されている姿を見ていると、「地道」や「継続」ではよくないのでは？短距離走を走るべきなのでは？というくらいの気持ちになるほどです。

明石さんも「プレゼンの仕方で市場からの会社への見方が変わるのは事実。たとえ同じ事業をしていても、口下手な人と上手な人とでは見た瞬間に評価が変わってきます」と指摘します。

私も経験しましたが、ＩＰＯ前の「ロードショウ」（機関投資家向けの会社説明ミーティング）は、わずか1時間の〝一発勝負〟のような場です。そこでのプレゼンが株価評価にかかわるというわけです。

「『当社は成長できる』と熱弁を奮われるのは至極当然ですが、そこに嘘ではないにせよ〝尾ひれ〟がついて、できそうもないことを無理目に言ってしまう会社さんもあ

るのでしょう。しかし、それをそのまま受け取るのか、評価を下げるのかは受け取る側の問題です」（同）

そうしたご意見を受けて、改めて私は、プレゼンが大事だということは重々承知の上で、やはり地道に努力し続けることこそが大事だと強く思います。

「上場ゴール」のような現象に警鐘を鳴らすのは難しい面がありますが、やはり経営陣が投資家の立場を鑑み、モラルを持つという基本に立ち返る必要があるのではないでしょうか。

「何のためにＩＰＯをするのか？」という問いかけが必要になります。資金調達を多様化したい、知名度を上げたい、信用力を付けたいなど理由は様々だと思います。明石さんは特に「信用力」に触れて「主幹事証券会社サイドからすると、信用できるからこそ上場してもらいたいと思うのです」と言います。

その「信用」は何から生まれるかというと、上場企業として公表する業績予想や中期経営計画などの数字を着実に達成し続けることだと思います。「法律・ルールを守ることはもちろんのこと、自ら掲げた中期経営計画や年度総合予算を着実にクリアしてくれる企業をＩＰＯに導いていきたいと思っています。そうした約束を守り続けて

くれる企業が増えることが、上場ゴールを減らすことにもつながるのではないでしょうか」(同)

大事なのは経営者が投資家目線に立って自らを客観的に見つめること。株式市場をはじめステークホルダーからの信用が得られる行動をし続けるという基本的なことに尽きると思います。しかしながら経営者、特に創業者は大株主であり代表権を持っているという強力な権限者です。自信家である上に権限が強ければ、自らを強く律することは難しいのが現実です。その時に、もう一つ重要になるのがコーポレートガバナンスです。

その意味で、2015年6月に東京証券取引所が適用を開始した「コーポレートガバナンス・コード」(上場企業が守るべき行動規範を示した企業統治の指針)の導入は一つの契機ではないかと私も思っています。

社外の目が入ると確かに牽制は働くことになります。さらに言えば、単に会社法上の社外取締役というだけでなく、東証が定める「独立役員」を招くことで高い実効性が伴うものになるのではないでしょうか。

第2章

なぜ、「3度のIPO」が成就できたか？

株式会社プロパスト（証券コード：３２３６）
主幹事証券会社：大和証券ＳＭＢＣ（現：大和証券）
監査法人：新日本有限責任監査法人
証券代行：三菱東京ＵＦＪ銀行
証券印刷：プロネクサス
上場市場：ジャスダック証券取引所（現：東京証券証券取引所ジャスダック市場）
上場日：２００６年12月13日

「できるかできないか」ではなく「やるかやらないか！」

本章では、私が携わった3回のIPOが、なぜ成功したのかについて書きたいと思います。

私が最初にIPOに携わった会社・プロパストとの出会いはまさに偶然でした。後述しますが、前職を辞めた時は、次の転職先を決めていませんでした。失意に打ちひしがれていたので、バイクの運転が得意な自分の特性を活かして、バイク便の運転手になろうと思っていました。

当時、住んでいたのは東京都大田区蒲田だったのですが、蒲田のハローワークで仕事を探していました。そこでたまたま求人募集で見つけたのが、デザインマンションの企画・開発・販売を手掛けるデベロッパー・プロパストでした。

募集していたのは「上場準備室長」。「これは！」と思って応募したところ、すぐに電話がかかってきて、すぐに面接に来て欲しいと言われ、トントン拍子で入社となりました。

プロパストは主にＤＩＮＫＳ（結婚後、子供を持たずに、ともに職業活動に従事する夫婦）向けのデザイン性の高いマンションを供給していることで知られています。今でこそ高層の「タワーマンション」はポピュラーになり、デザイン性の優れた内外装や充実した共用設備が人気となっていますが、ある意味でプロパストは、その黎明期に一つの「基準」を作った会社という評価を得ています。

特に、中央区日本橋におけるＤＩＮＫＳ向けデザインマンションの開発を他社に先駆けて積極的に手掛け、その供給数においては当時トップクラスを誇っておりました。そして、２００４年に分譲した「オリゾンマーレ」（江東区有明）、２００６年の「ガレリアグランデ」（同）、２００９年に東京建物との共同事業として取り組んだ「ブリリアマーレ有明タワー＆ガーデン」（同）など、使用する石からこだわった建物で今でも当時の分譲価格を大きく上回る価格で取引されており人気の物件です。また、有明の開発が進む前の分譲で、未開の地を切り開いたこともあり、「プロパスト村」と言われた時期もありました。「先見の明」があったということかもしれません。

私自身、これ以前の2社で経営陣との関係がうまくいかずに落ち込んでいましたが、いきなり上場準備室長である経営企画室長として、しかも入社した当時の売上高で約

300億円ある成長企業で働くことができるという幸運に恵まれました。どん底だったのに、何でこんなに風向きが追い風に変わったのかというくらい劇的に環境が変わりました。

後述しますが、前職のコマーシャル・アールイーを辞めた2004年が私の人生のどん底で、2005年に劇的に好転しました。「あれは何だったのか？」というくらいの変わり様です。なぜなのかは私自身にもよくわかりません。今から思うと「運」がよかったし、その運を活かしたのだと思っています。

プロパストで上場準備に携わっていた、有能で他社での実績が豊富な社長企画室長が経営陣と折り合いがつかず急きょ辞めることになり、後任を探していたところで、ハローワークに募集が出たという経緯でしたが、人生何が左右するかわからないものだなとつくづく思います。

しかし、私自身もIPOについて準備作業には携わったものの、実際には成就した経験はなく、更には責任者として携わったことはなく、実際に上場に漕ぎ着けることができるか、非常に不安もありました。しかし、自分には失うものはない、挑戦してみようと決めました。

この時、大好きな日本人メジャーリーガーのパイオニア・野茂英雄さんの言葉が思い浮かびました。今でこそ日本人のメジャーリーグ挑戦は当たり前のようになっていますが、1995年に野茂投手が年俸を1億4000万円から1000万円に下げてでもメジャーに飛び込んだあの勇気がなければ、私は未だに日本人がメジャーに行っていなかった可能性があるぐらいに思っています。すべては野茂英雄から始まったと言えます。

「なれるとかなれないとか考えていたって一歩も前には進めません。やるかやらないか、それしかないのですから」

IPO成就を引き寄せた主幹事証券会社変更

こうして私は、上場準備統括者の後任として2005年3月にプロパストに入社しました。この時、経理・総務・人事・広報・企画などに代表されるコーポレート部門の人員は経理部3名、総務部1名しかおらず、経営企画室は0名でした。内部管理体制はほぼ未整備の状態で、ゼロからのスタートと言って過言ではない状況でした。管理体制構築のポイントは、私なりの優先順位を考え、適時開示に対応できる経理体制の構築、予算・実績管理体制の構築、総務・法務体制であると考えましたが、それ以外にも課題は山積みの状態でした。

入社してみると、当初心配していたことが嘘のように、非常にスムーズに仕事ができました。社長も全面的に仕事を任せてくれました。

ただし、大きな課題としては、その当時の商法特例法上の大会社に必要なコーポレートガバナンス体制が構築できていない時期があったことでした。この時期、同業他社の法令違反などがあり、コンプライアンス体制が非常に大きく問われていたところで、上場を揺るがすかなり大きな問題と捉えており、今後の対応策を速やかに実行しなければなりませんでした。

これに関しては、弁護士意見書作成、行動指針制定、2種類のコンプライアンス委員会の設置（経営幹部が集まるアッパーコンプライアンス委員会、一般社員が集まるローワーコンプライアンス委員会）、その他管理体制の強化で乗り越えていくこととしました。

また主幹事証券会社に関しても課題がありました。私が入社した当時の主幹事証券会社が、自分が接する中において熱心さが感じられず、また前任の方との関係を引きずっている感があったので、このままだと上場が遅れる、もしくはタイミングを逃してしまうのではないかという危機感を覚えました。

そこで、2005年6月末より動き出し、大和証券SMBC（現・大和証券）ともう1社の2社に声をかけ、会社に対する熱意、担当の方との相性、ジャスダック証券取引所（現・東証ジャスダック市場）への推薦実績も含め、2005年7月に大和証券SMBCに主幹事をお願いしました。

ここは大きなポイントで、今考えると自分でも「英断」だったのではないかと振り返って思います。経営陣も、入社したばかりの私の判断を尊重し、任せて受け入れてくれました。この経営陣の決断も非常に大きかったのです。

主幹事の変更が遅すぎると上場のタイミングを失う可能性がありましたし、しかし今変えてしまっても現在まで進捗させてきた作業が振り出しに戻り、後ろに上場時期がずれてしまう可能性がありました。そこで、必ず当社が考えているスケジュールどおりに動いてくれることを念押しした上で、主幹事をお願いしました。当社が想定しているスケジュールは絶対に譲らない、その覚悟で変更には取り組みました。

結果、非常に進捗がよくなり、結果としてトントン拍子に当初のスケジュールと寸分違わず、２００６年12月にジャスダック証券取引所に上場を果たすことができたのです。

厳しかった主幹事、取引所の審査

とはいえ、上場までの道のりは決して平坦だったわけではありません。

主幹事の引受審査は２００６年４月から開始されました。質問回答のやり取りが３回程度、実務レベルでのヒアリングはフローチャートの説明含め５回程度ありました。質問は膨大な量であり、１回１５０問程度ありましたが、上場準備チームがそれぞれ分担して、社長の指示も受けながら、上場後を見据えて期日よりも早く提出することを試みました。もちろん内容も付属資料を含め相当なボリュームを盛り込んでのものです。これは適時開示体制を見据えてのものであり、好印象を与えることができました。

しかし、主幹事からの指導は厳しいものもあり、株主構成の修正、コンプライアンス体制の構築（法務チェック、コンプラ委員会の開催）、反社会的勢力チェック体制（第三者機関による反社チェック）が大きな改善事項として挙げられました。コンプライアンス体制の構築は前述のとおりですが、２００６年1月にはライブドア事件も起こり、新興市場のＩＰＯに対する世間の見方も厳しくなり、当然のことながら審査もあらゆる角度からの厳しいものとなりました。

特に厳しかったのが、反社会的勢力チェック体制（第三者機関による反社チェック）の構築でした。エスピーネットワークという第三者機関によるチェックは必須とのことであり、それなりの費用と手続きの手間がかかるもので大変な業務フローの改善となりました。特にこの時期、上場している新興不動産会社の社長が逮捕される事件が相次いだこともあり厳しいチェック体制が望まれていました。

また、前年に構造計算書偽造問題があり、すべてのマンションで耐震基準を満たしているかの再確認を求められ、この事件に関わった検査機関を使っているマンションに関しては違う検査機関を使う体制を求められました。また引受審査中に、他社のマンションのエレベーターで死亡事故が起き、このエレベーターの製造・保守を手掛けている会社のエレベーターを一部のマンションで設置していたことから、厳しい外注先管理体制の構築も求められました。

引受審査は2006年8月末にて終了、9月上旬に主幹事がジャスダック証券取引所に事前相談、そして2006年9月に上場申請の運びとなりました。

上場申請後、取引所の上場審査部とのやり取りが始まりました。主幹事の審査と同様、質問回答のやり取りが3回程度、実務レベルでのヒアリングは2回程度あり、主幹事との対応と同様、適時開示を見据えた対応を試みました。

実査については、他に稀に見る内容であったと主幹事に言われました。2日間かけてプロパストが手掛けたマンション、再開発案件を20件程度視察頂きました。取引所の上場審査部2名、主幹事1名、プロパストからは社長自らが案内役となり4名が参加し、合計7名程度で、2日間小型のバスをレンタルして効率的に回り、「作品」（プロパストでは開発したマンションを『作品』と呼んでいました）に触れて頂きました。

プロパストは「作品集」という形で今まで開発したマンションの写真集を作成してお見せしていましたが、それにしても百聞は一見に如かずと言うこともあり、実際に眼に触れて頂くと、その良さの理解と感動はこの上ないものであるとの評価を頂けました。ここでも取引所の上場審査部の方々にも好印象を持ってもらうことができたようです。これは社長の経営者としての使命感と幹部、社員が一体となって努力してきたことが成果となって表れ、それが評価されたのだと思います。

しかし、全体には高評価でも、個々の審査は全くの順風満帆というわけではなく、取引所からも厳しいご指摘を頂戴し、非常に難しい改善事項もありました。それは上場申請直前に付与したストックオプションに関わるものでした。簡単な改善項目ではありませんでしたが、何よりもスピードをもって改善していくことを決め、そうした姿勢に、取引所からは即座に納得を得て、審査を通過することができました。

遂に初めての上場！

晴れて２００６年11月に上場承認が下り、予定通り12月13日に上場の運びとなりました。プロパストとしての兜クラブ（取引所の記者クラブ）への投げ込みは、この日が初めてであり、用紙にはかなり気合を入れ、ジャスダックのロゴがカラーで鮮明に写る良い紙を選び、また、ホッチキスはカラーのもので綴じました。それぐらい思い入れが強かったということです。

上場承認後は「プレヒアリング」（企業・引受証券会社が有価証券の募集・売出しの是非や価格を判断するために、市場における需要見込みを調査すること）ということで、機関投資家回り（ロードショウ）を実施していきました。IR（投資家向け広報）資料は自前で作成し、訪問希望先は思った以上に要望が来て、約40件を回りました。

社長が過去物件のパンフレットからマニュアルから事業計画書から全て持っていって説明したいとの要望があり、付き添いの私は、これら分厚い資料の入った重い袋をもって走り回る毎日で、いい筋力トレーニングになりました。勿論筋トレだけではなく、かなりプロパストに興味を持っている機関投資家が多く、想定する公募価格にいける実感がありました。

午前9時から1時間ごとに1日5件、多い時では6件、8日間にわたるプレヒアリングの後、主幹事と目論見書掲載価格の交渉を行い、仮条件が55万円～62万円に決定しました。上限でPER（株価収益率）11倍程度ということであり、これには会社の実力からいって正直不満でありました。しかし、何より上場することが最優先であり、上場のタイミングを逃がすことが最も恐ろしいことでしたから、株価は上場時に安く生まれ上場後に上昇する形で、投資家の皆様にご迷惑をおかけしないことが望ましいと割り切り、受け入れました。

タイミングが重要であることは一貫して変わりませんでした。上場翌年の7月に上場後初の決算発表を行いましたが、上方修正にもかかわらず、サブプライムローン問題等の影響もあり、マーケット環境は下降の一途を辿っていました。しかし、今考えてみても、この時機を外し7カ月上場が遅れると、まさにこのタイミングにぶつかり上場はできない可能性が高かったものと思われます。

プロパストの公募価格が決定されたこの時期、仮条件の上限で決まらない会社が多々出てきている中で、当社はブックビルディング（株式や債券の発行、売り出しの際に投資家の需要を調べてから募集条件、発行・売り出し額などを決める方式）の結果、上限の62万円で決まり、ひとまず安心という結果になりました。

当初は100億円の資金調達を望んでいましたが、この結果、80億円の資金調達という形になりました。しかし資本市場から調達する最初の資金であり、投資家の皆様のお金を預かっている感覚は強く、成長資金としていずれは投資家の皆様に還元しなくてはならないという義務感を強く感じたことを覚えています。徐々に上場企業としての実感が沸きつつある時期でした。

上場達成の最大要因は？

２００６年12月13日上場日、初値は65万円となり、公募を割れることなく、順調な滑り出しとなりました。当日はジャスダックプラザにおけるセレモニー、主幹事・大和証券ＳＭＢＣのトレーディングルーム見学、記者会見、最後は記念パーティーを実施し、深夜まで飲み明かしました。この時、社長も言っていましたが、私にとっても人生最良の日となりました。

誰もが言っていることかもしれませんが、上場はゴールではなく、スタートであり、会社の真価は上場後から問われると言っても過言ではありません。上場セレモニーの前に大和証券ＳＭＢＣの役員の方から言われましたが、上場に向けたコンサルティング契約をした会社の中で上場できる会社は１００社中10社であり、その中でスケジュールどおり上場を成し遂げる会社は10社のうち１社であるとのことでしたが、この稀

プロパストのＩＰＯセレモニーにて。２列目左から５人目が筆者

なケースに該当したことは凄いことであると自負しています。

上場達成の要因としては、何より社長の上場に賭ける思い、それによる全社一丸となっての取り組み、これに尽きるのではないかと思います。

特にプロパストで顕著に現れていたのは、従業員持株会およびストックオプションの全社員に対する付与です。しかもその比率が発行済株式数に対して10％以上と他社にはあまり例のないものでした。創業者で独善的傾向がある経営者が多い中で、これは稀に見るものだと思います。

また、一般的に、事業を主に推進してきた社長は、なかなか管理的な面に重要性を感じていないことが多いと思いますが、その意義を理解し、自分の信念を曲げずにうまく適応できる社長が、上場を成し遂げられるのではないかと思います。

また、スタッフの役割としては、いかに独自性を保持しつつ、上場審査という画一的な見方をするものに対して、そのバランスをどう取りながら会社としての体制を構築していくかということにあると思います。

既存の体制に迎合することは簡単ではありますが、旧体制で埋没していく会社の例に見るように、それでは会社も組織も腐敗していくものであると考えます。この環境変化の激しい世の中において、永続的な成長を志す企業としては、今までの会社とは異なる新たな独自の視点で会社の体制構築に取り組み、その一つの手段として上場があると考えなければ、上場のための体制構築、上場がゴールとなり、そのような会社は上場した途端に傾いていくことになりかねません。

上場に向けた体制整備のポイント

上場に向けた実務は細かい点は多々ありますが、前述したコンプライアンスや反社の体制構築以外で私が主として携わった中では大きく下記の事項が挙げられます。

・資本政策の策定（上場前後の株主構成や、必要な資金調達額の検討）
・コーポレートガバナンス体制の構築（株主総会・取締役会・監査役会の通例開催）
・予算実績管理体制の構築（業績予想、適時開示対応など）
・業務フローの改善（決裁権限規程はじめ諸規程の徹底運用）
・コーポレートストーリー・ＩＲ資料の作成（ビジネスモデルと今後の戦略策定）
・株式事務の実施（新株予約権・株式譲渡手続き）
・Ⅰの部・Ⅱの部作成

これらは既存の体制の中では実施されていないものであり、新たな仕事を増やすという意味でかなり抵抗感のある改善事項も中にはありましたが、会社全体における上場の意義の理解と社長の統率力があって、体制を構築することができたのだと思います。現場の方々は抵抗しがちなものなので、上から下にものを言うのではなく、お願いするという姿勢が、コーポレート部門の対応として重要だと思います。

また、社風も重要な要素になると思います。プロパストでは社長室がなく、社長やその他の取締役と気軽に話しやすい雰囲気づくりがなされていました。社長の目の前にセンターテーブルが並んでおり、毎朝、取締役全員が集まるミーティングや、IPOメンバーが集まってのミーティングを実施していました。この取り組みによって、すべての人間が情報を共有、密なコミュニケーションとスピーディな意思決定を実現していたのです。

この時に学んだことは、オーナー経営者や幹部、社員、証券会社など、同じ「上場」という目標に向かう様々な関係者がいる中で、それぞれの立場を考えながら同じ方向に向かうことができるように調整していくことです。

内部管理体制構築のため、コーポレート部門人員の補強も進めていきました。経営企画室には、私の次に、事務処理能力に長けた人材を社内から異動してもらい、その3カ月後には予算実績管理に長けた人材を採用、その半年後にはIRに長けた人材を採用、といったように、上場準備の進捗度合いに応じて、明確に役割を決め、段階的に採用していきました。

上場という大きな目的に向かい、失敗が許されない大きなプレッシャーが存在する中において、役割を考えず焦って人を採用し、ピントのずれた人材を雇ってしまう愚かな真似だけはしたくない、その一心で人員の補充に取り組んでいきました。

また、「チーム」をまとめることの難しさもわかりました。私は経営企画の責任者としてIPOチームをまとめる立場でしたが、大変な作業でしたから、経理、総務などから来た様々なメンバーとのぶつかり合いも起きました。仕事以外の部分での苦しい事も起こり、早く仕事に専念できる体制ができないかと思う毎日でした。

そして、経営企画と言いながら、上場準備段階では体制構築のため、総務的な仕事も多分にあり、総務部はきちんと存在しているのにもかかわらず、総務的な実務をこなしながら経営企画の仕事をしていくことに多少の抵抗感もありました。上場に向けて仕事は一向に進まない、私としてもイライラが募る毎日がありました。

このままでは、上場が遅れる、もしくはできないと思い、上場準備に関連する総務部の仕事は一切合財引き受けました。職掌分担にこだわり、責任を持ちたくないと自分たちの仕事を限定していたならば、目的は成就することはできない、すべて自分たちの責任で受け持ち最後までやり切る、我々はその気概をもって仕事に取り組みました。何よりもスピード優先で、スケジュールどおりに上場したいという一心がそれをさせました。

大きな苦労としては、コーポレート部門が今までは実質存在していなかったため、職務分担が曖昧でコーポレート部門間の人間関係の摩擦が常に存在していたこと、そういう中で摩擦を調整しながら目的に向かって邁進していくことでありました。

総務部との関係だけでなく、上場準備が本格化していくに伴い、経理部とも揉めることが増えてきました。仕事以外の部分での苦しさがあり、早く仕事に専念できる体制ができないかと思う日々であり、ちょっとした内紛劇が毎日起こっていました。

これも大きな目的を達成するために起こった摩擦であり、事なかれでは何事も進みません。主体的に仕事に取り組んでいけば生じる問題とも言え、ある意味仕方のないことで、耐え難きを耐える毎日でありました。このときは目的に邁進するため耐えるしかなかったと思います。

「摩擦を怖れるな、摩擦は進歩の母、積極の肥料だ」と言いますが、上場を達成する最終段階まで生じ、そうした感情を鎮めたりしながら上場に向けて作業をしていくのは本当に大変でした。これらを統括する社長および経営陣の方々の苦労も並々ならぬものがあったと思います。

「なせば成る　なさねば成らぬ　何事も」

こうした様々な問題を乗り越えて、２００６年に上場を果たすことができた時は、今までの仕事人生の中でも最大の嬉しさがありました。

ＩＰＯ時の時価総額は約４００億円、オファリング（公募・売出）規模約１２０億円で、この年１８８社あったＩＰＯの中で規模として確かトップ10に入った記憶があります。公募価格62万円に対し初値は65万円で、上場日の売買代金は東証一部上場も含めた中でトップになった記憶もあります。

プロパストでは、ＩＰＯだけでなく、上場後にはエクイティファイナンスやＩＲにも携わってきましたが、その過程で本当に貴重な出会いが多くありました。当時不動産市況が絶頂で株式市場でも注目されていたこと、莫大なインセンティブシステムで給与水準が高かったこともあり、上場後には機関投資家、アナリスト、外資系証券会社、マスコミ関係者など上場前には来なかった人たちが押し寄せてきました。今でも、この時に築いた人脈が生きています。

また当時、ジャスダックでは、前年に上場した会社の中から1社だけ選抜されて上場体験談を話す機会が設けられていたのですが、当時最もIPO会社が多かった中でプロパストが選ばれ、実務担当者としてお話させて頂いたのも良い思い出です。

プロパストでは資本政策も策定してきました。ベンチャーキャピタル（VC）からの投資意向はかなりありましたが、すべて断りました。より資本コストの低い借り入れで、負債レバレッジを利かせてIPO時に資金調達して更なる成長資金を獲得する政策を取りました。

VCが入っていると自分達の意向だけで上場時期を決められないことが多く、当時はロックアップ（株式公開後の一定期間、市場で持ち株を買却しないこと）が6カ月であり、1.5倍での解除条項などもなかったので、もしかしたら、プロパストの公募価格は低すぎるので売出で出資資金が回収できないという理由でVCは上場に了承しなかったかもしれず、そうするとタイミングを逸していた可能性もありました。私は今も、VCを入れずに正解であったと思っています。

また、情報開示事務連絡責任者としてIRの推進にも携わりました。個人投資家向け説明会も毎月のように実施したほか、海外の機関投資家向け説明会も積極的に実施してきました。現在でもプロパストは、ジャスダック市場での売買代金が時には100億円超でトップになったり、売買代金ベスト3に入ることも多く、多数の個人株主と流動性確保を実現できたものと考えております。

上場とは、あくまで成長を志すゴーイングコンサーン（継続企業の前提）となるための第一歩であり、その考えのもとで、公企業として株主の皆様、社会の皆様に利益を還元し、社会貢献できる体制を構築するという強い志を持って、実務に関わっていかなければならないということを強く感じたというのが、初めてのＩＰＯを経験しての感想でした。

社会人としてここまでキャリアを積むことができたのは、プロパストで抜擢して頂き、様々な経験をさせてもらったからです。初めてＩＰＯを成就させることができ、自分の仕事のレベル、ステージが数段上がったことを実感し、世界観も変わりました。仕事を任せてくれた、プロパスト創業者の森俊一元社長、当時ＣＦＯ（最高財務責任者）の津江真行社長には本当に感謝しています。

また、単にＩＰＯの仕事ということだけでなく、経営者意識やプロ意識を持った仕事への取り組み方を実践的に身に付けられたのもここでの経験があってのことだと感じています。社長から土日であってもメールや電話が来ることも少なくなく、常に緊張感とスピード感を持って仕事に取り組まなくてはならない環境で、気が休まらず大変ではありましたが、本当に勉強になったと思っています。

これまで辛い事、苦しい事、挫折しそうな事はたくさんありましたし、「ＩＰＯに携わる」という目標を諦めかけたこともありました。しかし、今の私があるのは諦めなかったからです。

「なせば成る　なさねば成らぬ　何事も　成らぬは人のなさぬなりけり」

これは上杉鷹山の格言ですが、最後は「強い意志」と「根性」「意地」「粘り」だと思っています。私は精神論を大事にしており、常に「精神一到何事か成らざらん」を念頭に生きています。

大事なのは、上手くいかない時に客観的に自分自身を見つめ直し、他人のせいにせず、全ては自分の至らなさのせいだと認め、何が自分に足りないのかを考え、改める謙虚な気持ちだと身を持って感じています。人間は他人のことは評価できても、自分のことはわかっているようで案外わかっていないものです。常に的確な自己分析を心掛けるべきだと思っています。

これ以来、私は、「うまくいったときは他人のおかげ、運が良かっただけ、うまくいかなかったときは自分のせい」と考えるようにしています。でも本当に運が良かったことが一番だと感じています。

株式会社トランザクション（証券コード：7818）
主幹事証券会社：野村證券
監査法人：あずさ有限責任監査法人
証券代行：三菱UFJ信託銀行
証券印刷：宝印刷
上場市場：大阪証券取引所ジャスダック市場（現：東京証券取引所ジャスダック市場）
上場日：2010年10月12日

堅実なビジネスモデルで時価総額5倍超に

ところが、2007年7月のサブプライム問題、そして2008年9月に発生したリーマン・ショックと、それに続く世界的な金融危機は日本の不動産業界を直撃、売上1000億円を超え、飛ぶ鳥を落とす勢いであったプロパストも例外ではありませんでした。「山高ければ谷深し」と言いますが、環境の急激な悪化で、私も会社を去るしかないという厳しい事態に直面することになりました。

当然ながら、リーマン・ショック後、IPOはしばらくの間低迷します。プロパストが上場した2006年には188社あった新規上場会社数が、2009年には19社に激減しています。再び、転職先を決めずに辞めていましたが、その時に「プロパストではたまたま運が良かっただけ。自分の真価を問う意味でもここまで来たら次もIPOを成就させて、スキル、実績を身に付けよう」と考えました。そして景気動向に大きく左右されない堅実なビジネスモデルの会社に転職しようと考えました。

その時に出会ったのが、トランザクションという会社です。エコ雑貨やヘルスケア

&ビューティ雑貨製品などの企画、デザイン、製造、品質管理、販売までを一貫体制で手掛けるメーカーです。一般ユーザー向けだけでなく、企業のセールスプロモーション用雑貨なども製作しています。環境を意識した「エコバッグ」や、健康・清潔感維持や美容に貢献する製品、他にも毎年グッドデザイン賞を獲得しており、デザイン製に優れた雑貨を数多く手掛けてきました。

特徴は、「ファブレス」（製造工場を持たない生産開発）に徹していることです。設備投資に資金を要さず、工場の稼働率を気にする必要がなく、モノづくりに特化できるという利点があります。海外展開も生産地を中国だけでなく、ベトナム、バングラデシュ、インドへのシフトを進めるなど、非常に堅実なビジネスを展開しています。

トランザクションは２０１０年10月に大阪証券取引所ヘラクレス市場とジャスダック証券取引所が統合した「新ジャスダック市場」の第１号上場企業となりました。２０１０年は年間に22社しかＩＰＯ企業がありませんでしたが、その中で野村證券を主幹事としてＩＰＯを果たすことができました。残念ながら初値は公募価格割れとなりましたが、その後地道に業績も株価も伸ばし、現在では上場時初値の5倍超の時価総額約１２０億円となり、東証１部に上場をしています。

上場準備の過程において最も苦労したのは、ホールディングス体制を築いていたため、グループとしての管理体制、内部統制をしっかり構築することでした。

具体的には、グループ内の経営指導料や業務委託料の料率の設定や調整、それを踏まえた予実管理、議事録や業務フローはじめ資料の準備もグループ全社分が必要となり膨大な作業でした。特に予実管理やグループ全体のガバナンス体制や組織については主幹事からも厳しい指摘を受けました。

予実管理に関しては、既存顧客と新規顧客に分けて全顧客リストを挙げての営業管理表の提出とその進捗度合いをヒアリングされました。予算はきちんと顧客単位での積み上げになっているか、既存顧客に関しては1顧客ごとに前年の実績と比較して蓋然性があるものなのかどうかをチェックされました。

また、トランザクションはファブレスメーカーのため、中国を中心とするアジア圏で生産委託を行っていたため、為替相場の影響を受けるビジネスモデルでした。当時は今から見ると円高でありましたが、それ以前に円安であったときに行った為替予約やデリバティブなどがあり、その内容や為替リスクヘッジに対する今後の方針を明確化すべきなどの指摘もありました。

余談ですが、証券会社の引受審査も野村證券と大和証券では進め方が異なります。私が最初に経験した大和証券の場合は、審査が1度で3～4回の質問・回答・ヒアリングのやり取りが約6カ月間続きました。野村證券の場合は、審査が中間と最終の2度に分かれており、それぞれ1回の質問が纏めてきて、それに回答・ヒアリングを行う形で、中間が約6カ月、最終が約2カ月という期間でした

トランザクションの最終審査中には、前年暮れに上場した会社が上場審査時に過大な額の粉飾決算を行ったことが明らかになり、上場後わずか数カ月で上場廃止になるという事件が発生しました。この影響もあり審査が相当に厳しかったので、私自身は大変鍛えられました。

また、上場に向けてコーポレート部門の強化を図る中で中途採用者を多く登用しておりましたが、比較的年齢層が高い方々が多かった割に上場準備を統括した経験者がおらず、進捗はあまり芳しくない面がありました。私より年齢が上に離れたメンバーが多くやりづらさはありましたが、ＩＰＯは絶対に実現するという社長の確固たる思いがありましたので、その気持ちを受けて私も2社目のＩＰＯ成就のために情熱をもって仕事をしようという気持ちになっていました。

トランザクションのＩＰＯ成就に向けて取り組んだことは、役員とＩＰＯ準備チームが出席するＩＰＯ定例会を毎月１回開催することや、その他社長とＩＰＯ準備チームは社長室にて、ほぼ毎日ミーティングを実施して、実務に携わるスタッフの意識を一つにすることを心がけたことです。プロパストの経験をもとに、自ら積極的に社内外のコミュニケーションを取るように心がけました。

そして、上場後は情報開示事務連絡責任者としてＩＲの推進に携わりました。株価は上場して5年半の間、右肩上がりで推移していきました。上場時に約20億円だった時価総額が、２０１６年6月現在、約１２０億円と5倍超で推移しています。

着実なビジネスモデルを構築し、マーケットからの信頼を得ている創業者の石川諭社長の手腕は本当に素晴らしいと思っています。上場を機に従来のセールスプロモーション用雑貨中心の販路だけでなく、大手卸会社の販路を開拓し、信用力を高めて業績が向上、大きく成長していったという意味で「上場ゴール」とは真逆の道を行った、いわば「上場スタート」の好例だと思います。こうした企業の上場に携わることができ、大変勉強をさせていただきました。

ショーケース・ティービー（証券コード：3909）
主幹事証券会社：野村證券
監査法人：新日本有限責任監査法人
証券代行：東京証券代行
証券印刷：宝印刷
上場市場：東京証券取引所マザーズ市場
上場日：2015年3月19日

インターネットに「おもてなし」の心を

トランザクションでの経験で改めて自信を得た私は、その後、上場を目指す企業の役員として複数のM&A案件を実現するなどの経験を積んでいきました。この企業を経て出会ったのが、現在所属しているショーケース・ティービーです。

当時、上場企業のCFOとしてやってみたい、そして本気でIPOを目指している会社で仕事をしたいと考えて、これまでの仕事でいろいろとつながりを持っていたSBI証券さんに相談したところ、紹介されたのがショーケース・ティービーでした。第1印象から「非常に誠実で真面目そうな良い会社だな」と感じました。

ショーケース・ティービーは、Webサイトをより「見やすく・わかりやすく・入力しやすく」するWebサイト最適化サービスを開発・提供しているWebマーケティング支援会社です。

具体的には、ユーザーが使用しているデバイスに合わせて、見やすい画面表示に変換するツールや、ユーザー登録や商品購入の入力フォームを使いやすくするツールを、企業の運営するＷｅｂサイトに対してクラウド型（ＡＳＰ、ＳａａＳ）で提供しています。このマーケティング支援ツールは、利用者をＷｅｂサイト訪問から、商品購入や資料請求などの成果（コンバージョン）に至るまでスムーズに誘導します。また、スマートフォンなど急増する多種多様なデバイスにおいても、ユーザーにとって利便性の高い優れたサイト表示をサポートしています。

基本的にストック型のビジネスモデルで、３メガバンクをはじめとする金融機関、不動産、人材、ＥＣ業界を中心とした各界のリーディングカンパニーの累計６２００アカウント以上の導入実績があります。

また、主力サービスの「ナビキャスト　フォームアシスト」は、独自技術による特許を持った戦略商品で、ＥＦＯ（エントリーフォームの最適化）市場を創造した国内初、かつナンバーワンの導入実績を持つ、入力支援システムです。

そして、これまで６２００以上のアカウント導入実績で得た「確実性」「リアルタイム性」を保持した高品質データをＤＭＰ（データ・マネジメント・プラットフォーム）に蓄積し、これを駆使して企業のコンバージョンアップに最大限に寄与することを目的としたデータプラットフォーム「ＺＵＮＯＨ（ズノウ）」も提供しています。

独自の特許技術による競争優位性

Web最適化技術の特許により、インターネット業界にありがちな
類似製品の後発参入、価格競争による低収益化などを防止

集客（広告最適化） → 見やすく（表示最適化） → わかりやすく（誘導最適化） → 入力しやすく（入力最適化） → 成約 コンバージョン

スマホ表示の最適化	サイト内誘導の最適化	入力フォームの最適化
日本 ・ 米国 シンガポール ・ ブルネイ	日本×２件	日本×２件

ナビキャスト商品紹介入力しやすく

ナビキャスト フォームアシスト

【入力フォームの最適化】
※国内特許取得

「フォームアシスト」は、既存の入力フォームを変更せずに入力に対してリアルタイムに注意メッセージや案内を表示することでユーザの離脱による機会損失を防止するサービスです。ユーザがどの項目で離脱したのかを詳細に分析でき、入力項目単位での問題点を把握することで的確な改善が可能となります。

導入前 / 導入後

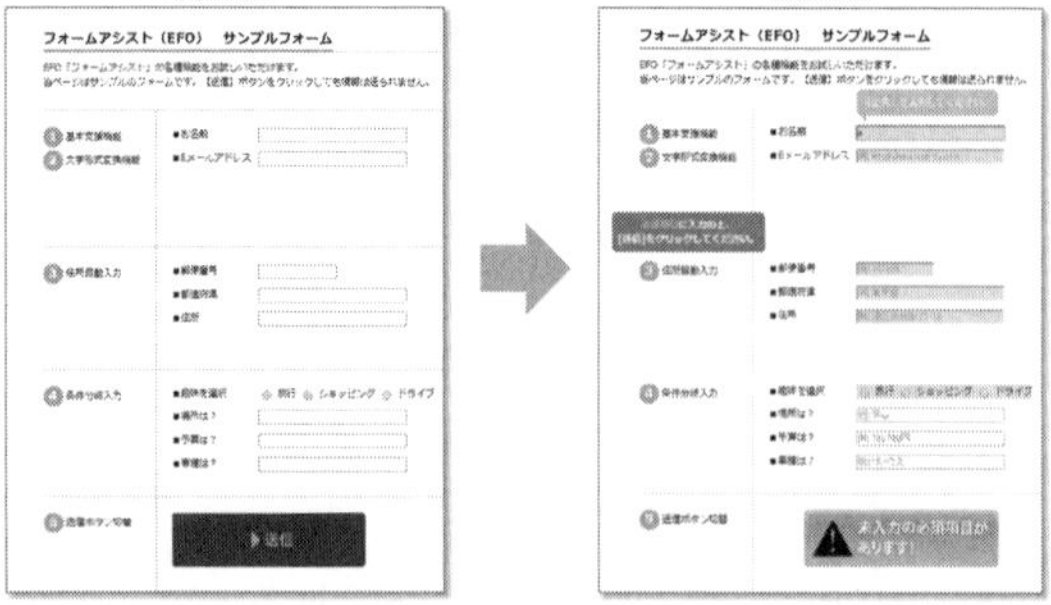

ネットやITにかかわる仕事をしていながら、主人公は「人」という切り口で事業を展開しているところがユニークではないかと思っています。東京オリンピック開催で流行語になった「おもてなし」ですが、決定するかなり前の2006年頃から、会社の事業コンセプトは「おもてなし」にしています。

なぜ、インターネットに「おもてなし」か？と思う人も少なくないと思いますが、社長を務める森雅弘が石川県出身で、石川県和倉温泉にある有名旅館「加賀屋」の精神に由来しています。

加賀屋は「プロが選ぶ日本のホテル・旅館100選」において、36年連続総合第1位の評価を受けております。加賀屋のおもてなしの心は、いつもお客様の満足を第一に考え動いた、先代の女将、故・小田孝さんの信条から生まれました。

小さな気くばり、心くばりを基本にした客室係のサービス。そして、今ではどこでも見られる習慣、女将によるお部屋回りの挨拶は、この加賀屋で始まったとのことです。

このさりげない「おもてなし」という人間的なコンセプトを、インターネットテクノロジーにして世界中に提供していくことを目指している会社なのです。

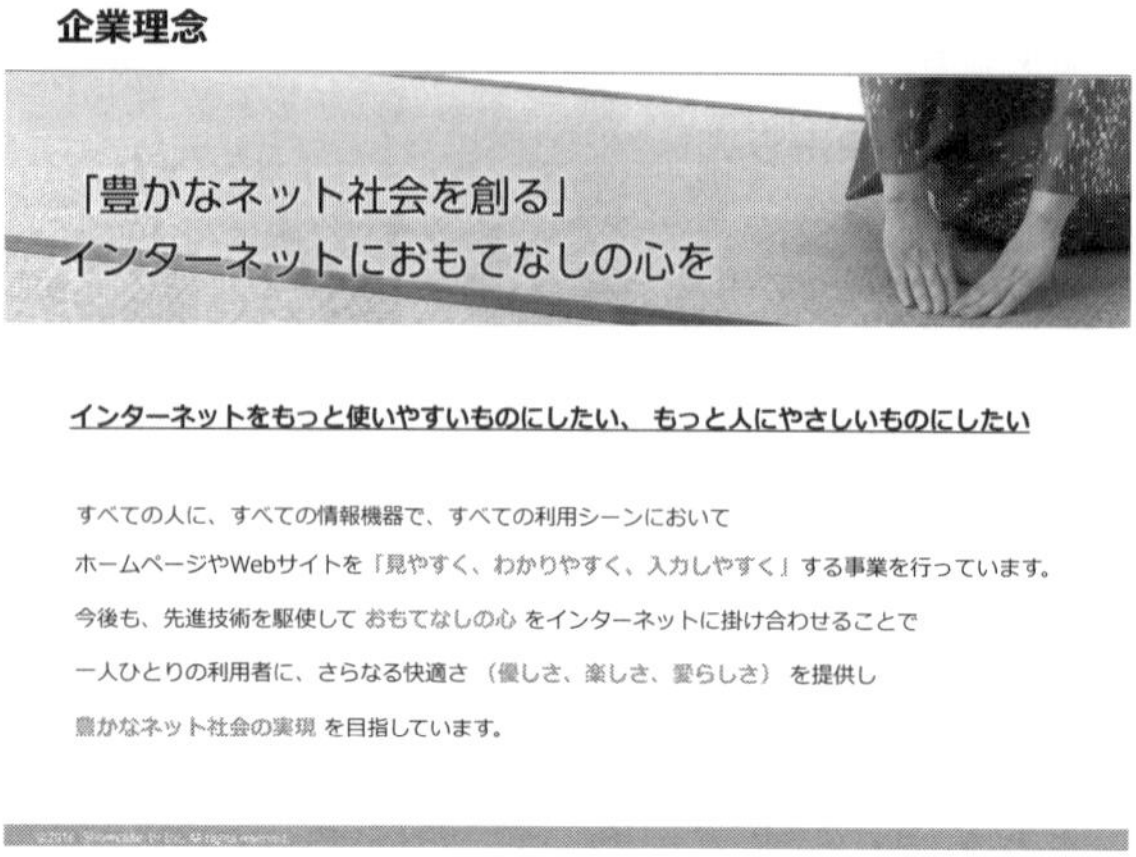
企業理念
「豊かなネット社会を創る」
インターネットにおもてなしの心を
インターネットをもっと使いやすいものにしたい、もっと人にやさしいものにしたい
すべての人に、すべての情報機器で、すべての利用シーンにおいて
ホームページやWebサイトを「見やすく、わかりやすく、入力しやすく」する事業を行っています。
今後も、先進技術を駆使して おもてなしの心 をインターネットに掛け合わせることで
一人ひとりの利用者に、さらなる快適さ（優しさ、楽しさ、愛らしさ）を提供し
豊かなネット社会の実現 を目指しています。

しかし今はエンジニアの採用競争が激しく、信用力や知名度がなければ採用が難しくなっています。そこで上場して資金調達をし、顧客ニーズ、特にクライアントのみならずユーザー目線に立った新しいサービス開発に積極的に取り組める体制を作りたい、そのためには信用力や知名度を上げるとともに、働きやすい職場環境を整備し組織を活性化させ、優秀な人材採用につなげていきたいというのが上場の狙いでした。

ショーケース・ティービーが設立されたのは10年前のことです。社長の森雅弘と、副社長の永田豊志はリクルート出身で同期なのですが、それぞれに起業をしていた2人が、今につながる「おもてなし」サービ

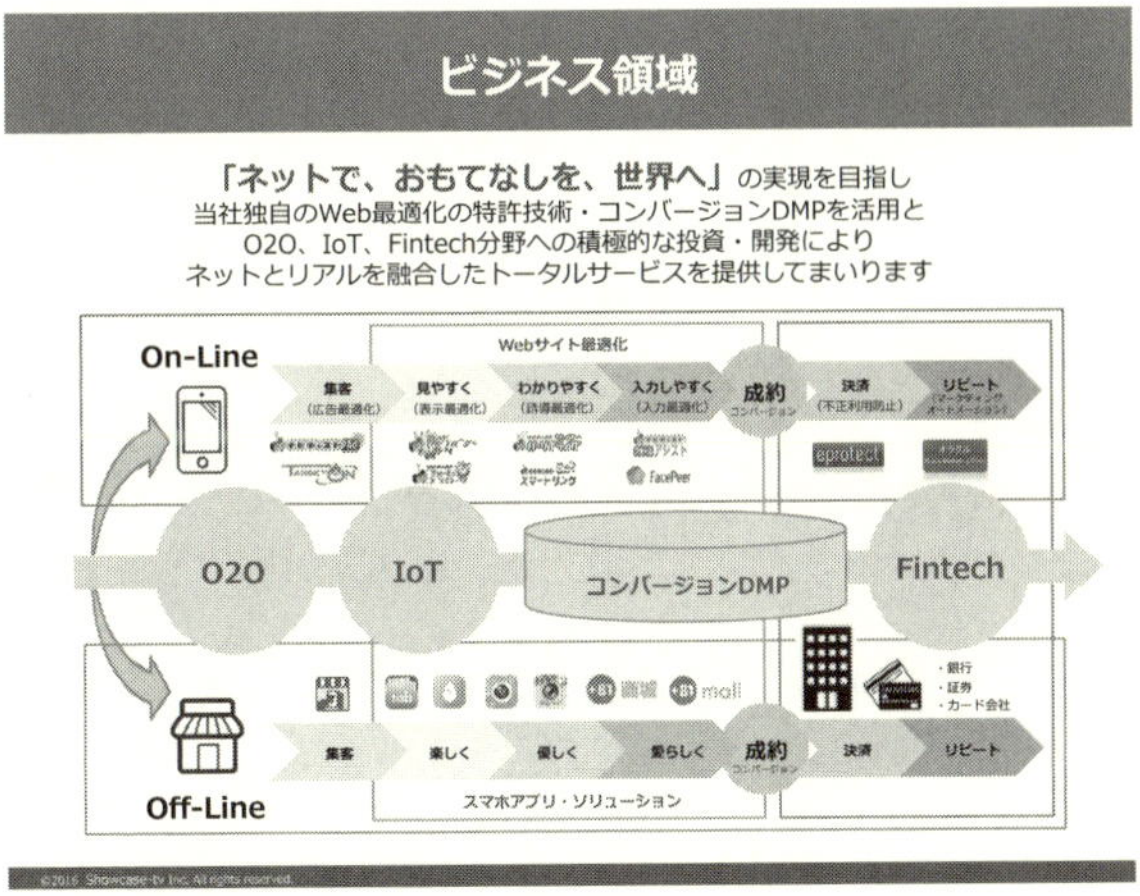

スを仕組みとして提供していくために会社を一緒にしてスタートさせたのが始まりです。

2人の「二人三脚」の経営体制は非常にバランスが取れていると感じていますし、着実なビジネスモデル、真摯な経営姿勢、独自の知財戦略など、私も社内の一員ですから手前味噌にはなってしまいますが、ビジネスの信用力を構築する手法は客観的に見ても目を見張るものがあります。

国内・海外において8つの特許を取得し、これらの技術を搭載したＡＳＰサービスで対応しています。クラウド型で個人情報の漏えいリスクなどがなく、だからこそ、数多くのお客様に利用されているのだと思い

ショーケース・ティービーのＩＰＯセレモニーにて。中央が鐘を鳴らす筆者

ます。３メガバンクはじめ金融、不動産、人材、ＥＣ業界の優良な顧客基盤を有していることは今後の事業展開に大きく役立つものと考えています。

ビジョンの実現に向けて

ショーケース・ティービーは、２０１５年３月19日に東証マザーズに上場しました。私がショーケース・ティービーに入社したのは２０１４年２月ですので、実際のところ上場に向けては、１年しか関わっておらず、ここまで準備を進めてきた社長、副社長はじめ役職員全員の力が結集できたからこそ成就できたものと感じました。

野球で言えば、9回表まで終了していて、私は9回裏にリリーフ登板したような感じですが、最終回というプレッシャーのかかる状況だったのでメンバーをまとめるのに苦労はしたものの、社長、副社長の上場に向けた強い意志は並々ならぬものがあり、主幹事証券とのミーティングにはすべて出席していました。私自身もこれまでの経験をもとに、詰めの段階で少しはお役に立てたのではないかと感じています。

ＩＰＯまでに私が注力したのは、コーポレートガバナンス体制とコンプライアンス体制の構築です。そこで、ＩＰＯ経験もある上場企業の経験豊富な常勤監査役を招へいし、コーポレートガバナンス体制の強化を図りました。また、コンプライアンス委員会は必ず顧問弁護士出席で2カ月に1回実施。事業所は本社のみ、80名体制のＩＴ企業であり、他の同規模の多くの会社が内部監査は兼任と聞いている中で、専任者を設置して徹底的なリスクマネジメント体制を構築しました。もちろん、予算実績管理体制も着地見込みを的確に把握するなどの体制整備を実施しました。

またまた手前味噌になってしまいますが、ショーケース・ティービーでは役職員に求める姿勢として「誠実・挑戦・成長」を掲げております。最初に「誠実」という言葉が来ており、様々な業界のいろいろな会社を見てきた私でありますが、真面目で誠

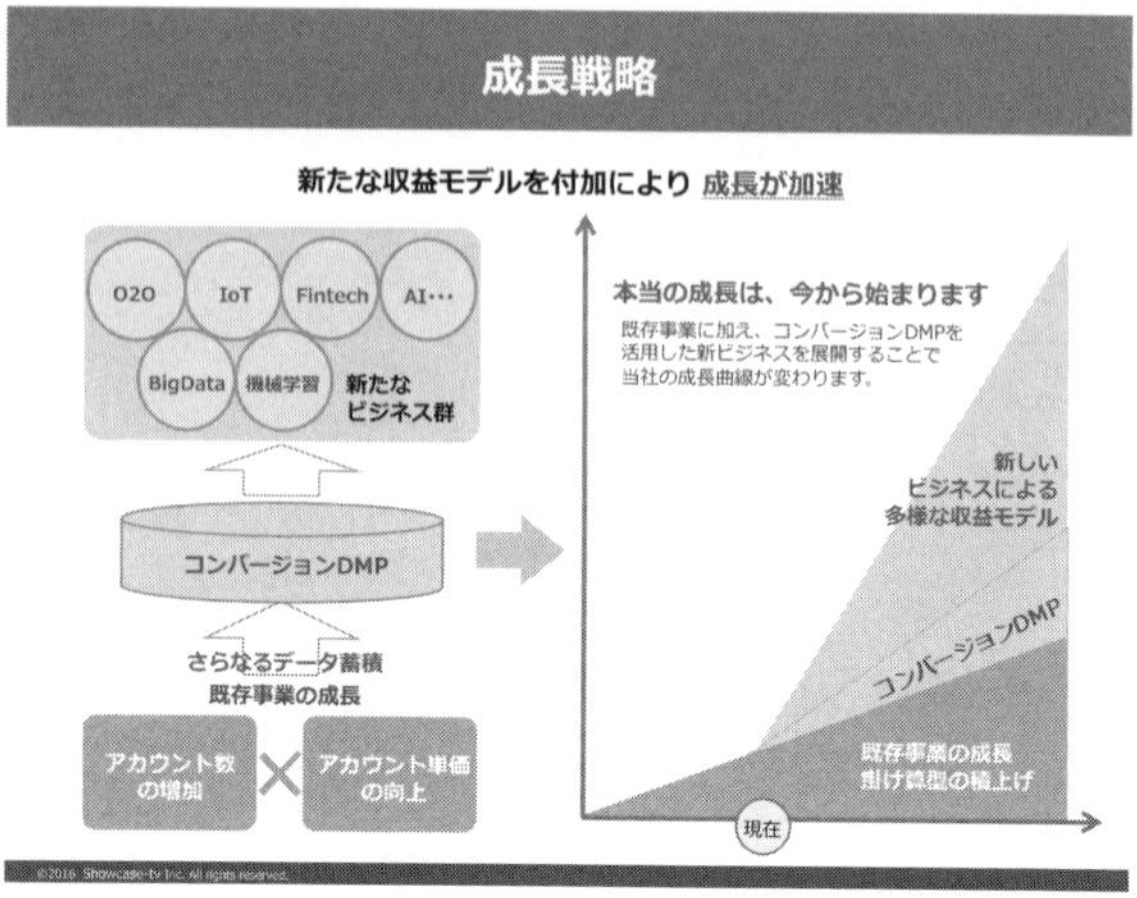

実な人たちが多く、確かに今まで私が所属した会社の中では最も誠実で働きやすい環境の会社です。

上場後、現在は情報開示担当役員として従事しています。上場して約1カ月後に、株価が現段階での最高値をつけました。業績は堅調ながら、チャイナショックや世界的な景気不透明感による株安の影響もあり下落傾向となりましたが、公募割れはしていません。

フィンテック（金融とＩＴの融合）、ＩｏＴ（モノのインターネット）、Ｏ２Ｏ（ネット上から、ネット外での行動へと促す施策）分野への進出や業績好調による見直し買いもあり、２０１６年６月現在、株価は底を打った形で推移しています。PERは約30倍ですが、同時期に上場した同規模のITベンチャーと比較してPERで見た場合は決して高いとは言えないと感じています。新規上場して1年が経過したところですが、機関投資家の中には、投資対象を新規上場後1年経過した銘柄に限定している投資家も多くいると聞いていますので、今後は個人・機関問わず投資家の皆様に積極的にIR活動を実施していきたいと考えております。

また、今回取締役として上場を経験しましたが、これまでとは責任の重さが全く違うと感じています。これまでのIPOはすべてジャスダックだったので東証で鐘を鳴らすセレモニーは初めての体験で、僭越ながら鐘を鳴らすことができて一生の思い出になりました。

そして、この会社もまさに「上場スタート」を地で行っています。「ネットでおもてなしを　世界へ」を掲げるIT企業として様々な可能性を秘めており、特に今はフィンテック、IoT、O2O分野を中心に多様なアライアンスを模索していきたいと考えています。

上場後に具体的に実施したものとして、フィンテック分野では、イープロテクト株

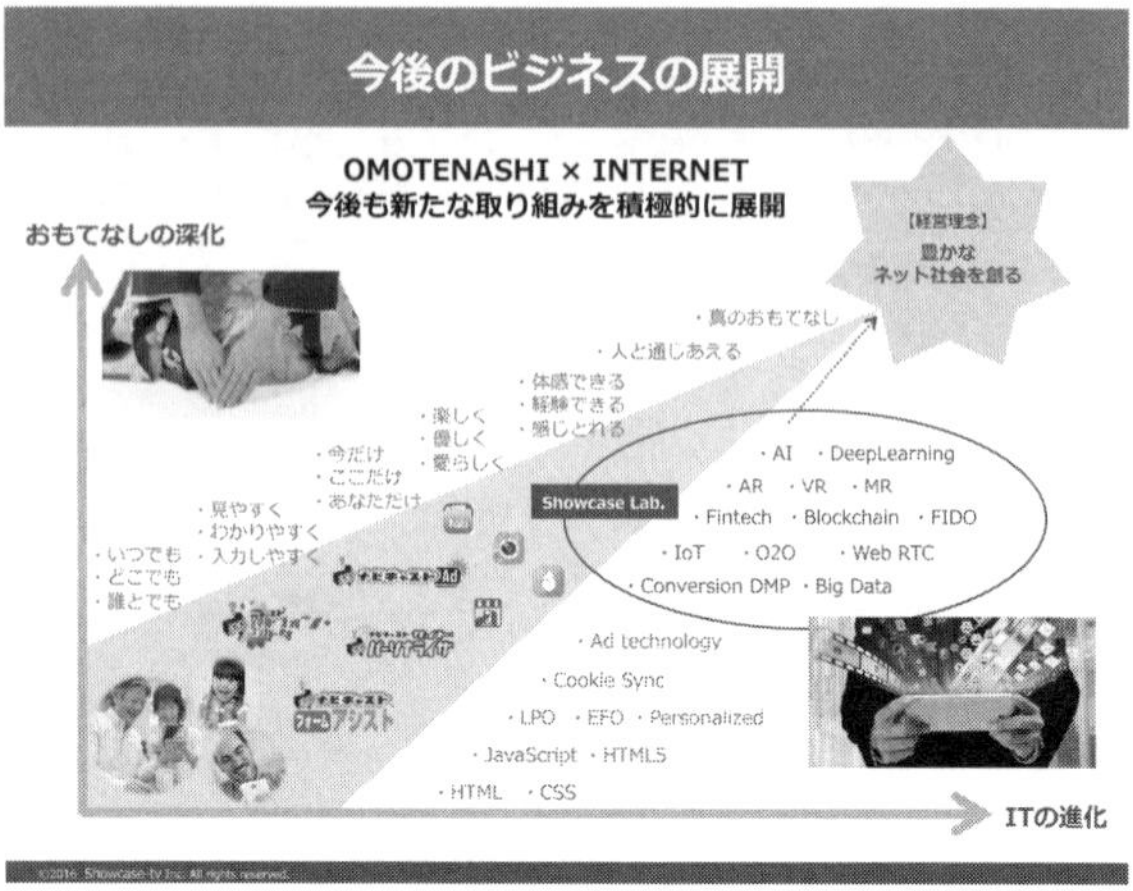

式会社と資本業務提携し、登録したメールアドレスを、1000点満点でスコアリングを行う不正検知サービスを提供し始めました。そのメールアドレスがいつ、どこで、どのように作られたかを推定し、SNSなどで使われているかなど、様々な視点から考察して、そのメールアドレスへの信頼度をスコアリングします。信頼度が低いメールアドレスを入力されたときには、管理者にアラートを警告します。極端な場合、それ以後の入力を拒否して、登録させなくするものです。

　その他、IoT分野では、東証1部上場の株式会社オープンハウス、株式会社オープンランウェイズと業務提携し、「不動産

×ＩＴ」の Real Estate Tech（リアルエステートテック）への取り組み、Ｏ２Ｏ分野では、松屋銀座と共同で株式会社オープンランウェイズと資本業務提携し、訪日外国人のショッピング体験をサポートするプラットフォームを提供する取り組みを行っています。

そして私自身は現段階でコーポレート部門の責任者を務めていますから、その仕事に注力するとともに、将来的にはビジネス全般において会社の成長に寄与し、会社が描いているビジョンを達成することに貢献していきたいと考えています。事業拡大、業績向上により企業価値、株主価値を高め、株主・投資家の皆様のご期待に応えられるよう経営活動に邁進していく所存です。

3社のＩＰＯに共通すること

以上の通り、私はこれまで業種の全く異なる3社においてＩＰＯを経験しました。3社とも上場準備プロジェクトの中心として携わり、証券取引所に上場申請に行きましたし、審査の最終セレモニーとも言える社長面談にも同席いたしました。

まず明確に言えることは、３社の社長ともにＩＰＯに懸ける熱い思いがあったことです。事務局側に想定質問や資料の作成をまかせっきりにしたりすることなく、上場申請時も社長面談時も、自ら回答や資料を作成するなど入念な準備をして、ＩＰＯ当日に臨み、上場後にしっかりと会社を成長させる熱い思いを語っていました。何といっても創業者であるトップの思いは重要です。

審査の中身としては、いずれも予算策定、予実管理は相当厳しいものがありました。特に予算の根拠は事細かに資料の提出を求められますので、しっかりとした策定根拠があるか否かが審査の肝になります。トランザクションは前述のとおりですが、プロパストの時も実際に土地の仕入がなされているのか、またなされていないとしても、その可能性はどうなのかという根拠資料として、仕入・販売ともに売買契約書や買付証明書の提出を求められ、各プロジェクトの進捗管理表で確度をチェックされることもありました。

また、上場準備中は、準備期間をできる限り短くするため、スピード感を何よりも重視して進めることが肝要です。ＩＰＯの成否に関しては、自分たちの力では如何ともし難い外部要因に左右されることが必ずあります。それは次に挙げる3点です。

①マーケット環境
②他社のコンプライアンス事件やモラルハザード問題の発生
③新たな法令制定や改正
具体的な事例は前述したとおりですが、様々な事象に見舞われるリスクが常にあります。これらの外部要因によるリスクをヘッジするためには、スピード感をもってスケジュールよりも前倒しで進めていく意気込みを持ち、緊張の糸は一瞬たりとも切らさない気持ちが必要です。

ショーケース・ティービーも上場が半年遅れていたら、①に該当する中国経済減速、②に該当する上場ゴール問題などの影響にさらされてどうなっていたかわかりません。

そして、審査はその時々によって重点テーマが変わり、それが厳しく審査されます。マクドナルドの名ばかり店長が問題になった時は未払い残業などの労務、オリンパスの粉飾事件が発生した時は内部統制、ベネッセの個人情報流出事件が発生した時は情報セキュリティ体制、最近は上場ゴール問題から、業績の確度が重要テーマになっているようです。予実が常に厳しいのは前述のとおりですが、重点テーマを押さえて臨むことも肝要です。

なお、私はこれが最も重要な上場企業の資格と思っていますが、3社とも社会的使命、ミッションを果たすことを認識、同時に社会貢献に対する明確な経営理念がありました。以下に3社の経営理念をご紹介します。

★プロパスト
［経営理念］
「不動産を素材として、『作品』というべきレベルまで昇華した『豊かな空間』を創造することで、社会のインフラ構築に寄与する　Metropolis Remaking by Properst Strategy」
［補足説明］
人々のライフスタイルや価値観が多様化して行く世の中で、住環境を中心とした不動産ステージで、「お客様の多様な価値観」に誠実に向き合ってまいります。
さらに、住まいという空間にデザインの連続性を実現することで、真の心地よさの創造にこだわり続けてまいります。

今後も、お客様の多様なニーズに全力で応えながら、デザインにこだわり続ける元気なディベロッパーとして、企業としてさらなる成長が出来るように努めてまいります。（ＨＰより）

★トランザクション
［経営理念］
「モノづくりを通し地球環境に配慮した製品を提供することにより社会貢献する」
［補足説明］
自然環境を大切にしたモノづくりを基本方針に、天然素材を使用した製品や再利用可能な製品等の開発を推進するとともに、社会及び顧客ニーズに沿ったデザイン性の高い製品をタイムリーに提供することに努めます。（有価証券報告書より）

★ショーケース・ティービー
［経営理念］
「豊かなネット社会を創る　インターネットにおもてなしの心を」

★理念・ビジョンと戦略構造

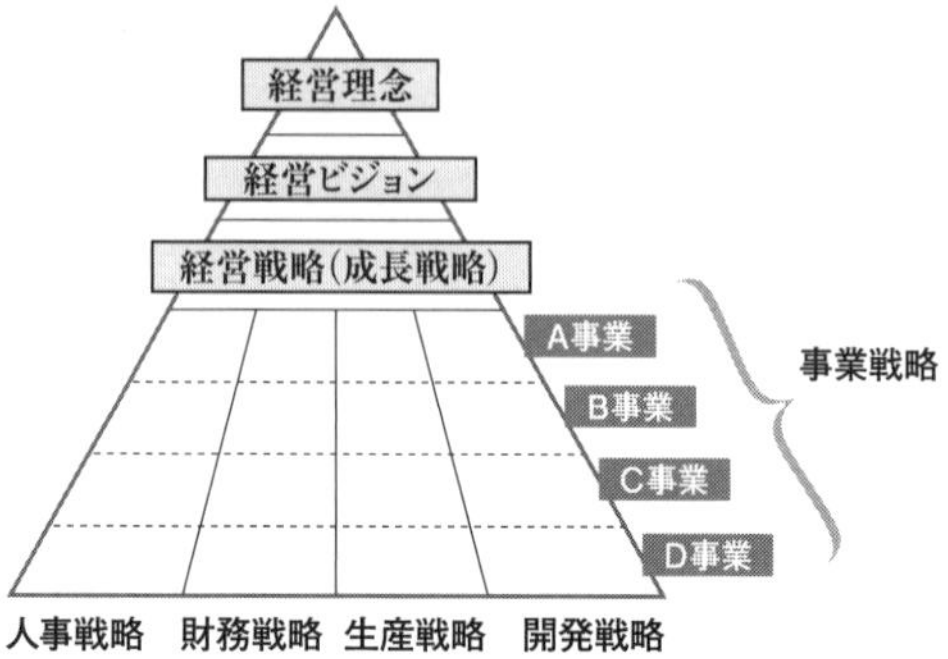

「新版 MBAマネジメント・ブック」
グロービス・マネジメント・インスティテュート
ダイヤモンド社 引用

[補足説明]

インターネットの世界は日々すさまじい勢いで進化する一方で、あまりにも情報や機能が多すぎたり、技術やシステムの都合が前面に出てしまったため、インターネットが持つ本来の有用性を阻害している面も散見されます。

私たちはシンプルにWebサイトを「見やすく・わかりやすく・入力しやすく」することを実現したいと考えています。インターネット、とりわけWebサイトの利便性を追求していく中で、当社が常に心がけ、最も大切にしているのが、システムの視点ではなく人の視点から見た〝使いやすさ〟です。

経営理念・ビジョンが重要なことは私が言うまでもないことなので、この場でその意義などは述べませんが、私が実際にＩＰＯに関わってみて、やはり私利私欲ではなく、社会の発展や社会的課題の解決に貢献する強い思いが、パブリックカンパニーである上場企業には重要なのではないかと感じている次第です。

第3章

経営計画はこう作る！

リアルタイムでの業績把握を

本章では、私の経験を基に「上場ゴール」にならないための経営計画づくりを具体的にお示しししたいと思います。

まず、プロパストでの経営計画づくりで意識したことはいくつもありますが、一つには不動産業ですから、マンションやビルは金額が大きく、その引き渡し日が期中の3月になるか、翌期の4月になるかで業績が大きく変わってしまいます。

ですから、プロジェクトの進捗の把握は「週次」で見ていました。マンションの開発、契約状況、1棟売りビルやマンション、流動化させたビルやマンションなどの売上を週単位で全事業部から吸い上げて、社長、経営陣にフィードバックしていました。週ごとに見直していますから、業績の着地があまりズレません。さらに、国内外の経済情勢など、外部環境の変化に速やかに対応することが可能になります。

経営企画部門としては、何かが計画からズレていたとしたら、何が想定内で何が想定外かを、きちんと把握することを心がけていました。良い想定外、悪い想定外、両方ありますが、いずれにせよ、想定外が多かったら速やかに修正を適時開示していくことを心がけていました。

不動産業界は景況感に敏感で、地価の動向に大きく影響を受けますし、状況は刻々と動いていきます。ですから見通しを立てる時でも、我々の中で全てが期中に仕上がる楽観シナリオ、その逆の悲観シナリオ、中間の中立シナリオの三つを用意していました。

もちろん、これは1件あたりの金額が大きい不動産業だからこその話ではあります。月間の扱い金額が少ない業種などは週次での把握は必要ないでしょう。しかし、その場合でも考え方は同じで、期間を月次にするなどして期間での把握を行うことをお勧めします。

不動産会社ではなくとも、例えばＩＴ企業であっても受託開発を主力事業としている会社など1案件の規模が売上に占める割合が高いような会社、そして一つの販売先への依存度が高い会社は、週次での把握が効果的です。個人的には、売上の５％を占めるものが一つでもあれば行うべきと考えます。

もう一つ、プロパストでの経験では、事業部との連携が非常に大きかったと思います。週次で業務を把握するためには、各事業部の協力がなければ成り立ちません。事業部からスピーディに、正確な情報が上がってくる仕組み、体制づくりが重要だということです。

こうした体制づくりにおいては、普段からのコミュニケーションが大切だというのは大前提ですが、組織において「どの部署に情報を集めるか?」ということとも密接に関連してきます。

プロパストでは、不動産の買い付け証明を出す時の決裁や建築確認の決裁などを含めた稟議書が、経営企画部門に回る形になっていました。それらの情報を部門として把握していたことが、事業部とのコミュニケーションがスムーズにいった要因ではないかと思っています。

会社によって、それが総務部だったりするのかもしれませんが、情報を一元化する機能を、組織のどこかに持たせることは必要かもしれません。特に不動産業はスピーディな意思決定が重要ですから、業績とプロジェクトの進捗の情報が集まるような仕組みが必須でした。他方、一部門に業務がある程度集中する形になりますから、その緩和策も頭に置いておく必要がありそうです。

上場企業は、当然ですが資金調達の手法は多様化しますし、事業の成長にも加速がかかってきます。

不動産業は陣取り合戦であり、物件を如何にスピーディに仕入れるかが勝負の分かれ目になります。プロパスト時代には、好立地の土地や収益性の高いビルを速やかに取得する必要がありましたから、資金調達ニーズが非常にありました。

特によく活用したのは、返済の原資（元手）とする財産（責任財産）の範囲に限定を加えた貸付方法であるノンリコースローン（非遡及型融資）でしたが、大型案件ではブリッジローン（つなぎ融資）で調達したこともあります。今では使われなくなりましたが、ＭＳＣＢ（転換価格修正条項付転換社債）を発行する手法です。３カ月以内に返済できない場合には新株予約権に転換して、それを行使できるという仕組みでした。

実際には不動産ミニバブルと言われた景気が良い時期でしたし、取得を目指したビルの収益性も高かったので、問題なく返済しました。上場を機に、多くの外資系証券会社の方々がプロパストに資金調達の提案に日参してきたことが思い出されます。

「千里の道も一歩から」

トランザクションは、非常に堅実な事業と記載しましたが、扱っている製品も顧客の数も非常に多く、まさに「積み上げ」でした。

ですから、経費チェックは非常に細かく行っていました。しかも、持株会社体制でしたので会社は別々です。その会社ごとに勘定科目だけではなく、支払先ごとベースで、前年比の動向を全て洗い出していました。

部門は、どうしても予算を保守的に組みますから、費用は多めに出します。しかし、前年に使っていないようなものがあれば全てチェックして、事業展開に差し支えない範囲で、より少ない経費にコミット（実行、約束）させていました。それを統括していたのが、私が所属していた経営企画部門です。

私自身、こうした細かいチェックは非常に重要だと考え、現在、ショーケース・ティービーでも、支払いベースごとに予算を組んで、その実績も会計ソフトで突き合わせる形で予実管理を行っています。

会社では全社員が集まって四半期に1回実施するキックオフミーティングや、毎月の全体会という会議において、私は業績達成や費用面に関して、厳しい状況にあることと、楽観視はできない状況であることを発言しています。細かなことに思えるかもしれませんが、「千里の道も一歩から」と言われるように、その細かな積み重ねが、確実に業績につながっていくと考えているからです。

ただ、成長途上のベンチャー企業は、人材を多めに採用する必要があったり、新たなプロジェクトのために外注業者や業務委託先と契約する必要が出てくるなど、今後様々な事態が起こる可能性があります。

ですから、事業部の経費は筋肉質にしつつ、どこかで不測の事態に備えたバッファ（緩衝手段）を用意してはいます。

経済環境が急激に悪化するリスクなども睨みながら、例えばまだ売上が上がっていない新商品や、不動産の場合にはまだ仕入れていない物件など、楽観的に見るのではなく、何が確度が高くて、何が低いのかを認識しておくことが重要です。

無茶な予算を組む企業も

もちろん、これらの大前提には、経営者の判断があります。こうしたやり方を評価しない経営者も当然いて、私も全ての場面でうまくいったわけではありません。私が働いてきた、ある会社では、こうしたやり方が否定されたこともあります。

例えば、事業部ごとに積み上げて経営企画室で取り纏めた予算を社長が気に入らず、難色を示したことがありました。その社長は、積み上げた予算の2倍以上の経常利益を求めてきたのです。「こんな予算、銀行に出せるわけがないだろう?」というわけです。私はこれまでの実績や傾向も踏まえると社長が示した予算数字は無理だと思っていました。また私の予実管理手法が否定されたことなど、いろいろな要因が重なって、その会社を辞めました。様々意見もしてきましたが、実態とかけ離れた予算の2倍以上の経常利益という過度な目標設定をする経営者とは、同じ目標に向かって歩けないと感じたからです。

辞めた後、その会社の業績を知る機会がありましたが、やはり社長が目指した経常利益にはとても届くはずがなく、経営企画室が取り纏めた予算を少し切るくらいで着地していました。売上も当初の目標通りでしたから、変な話ですが、精度の高い予算をつくることができたのだと思いました。

この企業は未上場会社ですが、もしかしたら「上場ゴール」になってしまう企業というのは、事業部や経営企画室が現実的な予算をつくっても、経営者が市場の目を過度に意識し過ぎて、無茶な目標を掲げてしまうのかもしれないと感じました。

上場、未上場にかかわらず企業には、市場や金融機関に自社の体裁を整えて、資金を調達し、新たな事業に乗り出したいという思いがあって当然です。しかし、その「体裁」があまりにも実態からかけ離れてしまってはいけないのだと思います

現実に合わないことはやらない

経営計画を策定する時に難しいのは、楽観と悲観の「さじ加減」です。私としては市場に開示する計画数値は悲観的で良いのではないかと考えています。誰にでも実現できる目標を外部、特に上場している場合には市場、投資家に説明するのは、ある意

味で簡単と思われるかもしれません。そして「保守的過ぎる」と言われるかもしれませんが、上方修正をすればいいわけです。あとは、投資家なりアナリストが判断することだと思っています。

実現可能性の低い計画よりも、保守的と言われようとも、確度の高い計画を出すことが大事だというのが私の考え方です。そして、良い方でも悪い方でもそこにズレがあった場合には、適時開示を行う。そこで前述のように週次、月次で管理をし、状況を把握しておくことが大事になってきます。

私自身がどちらかと言えば慎重派の人間なので、余計にそう考えるのかもしれません。しかし、あくまでも「実現可能性」といった場合には、どんなにそれが高かろうとも実現はしていないわけです。人生においても、ビジネスの世界においても100%実現可能なものはありません。

不確実、不透明な世の中、ビジネスの世界で、まだ実現化していないものに関しては、自分達にとって最も堅いと思われる最悪を想定したものを、市場にコミットさせていただく。

もちろん、低い目標の達成だけで済ませればいいと言っているわけではありません。

社内では高い目標を設定し、それを超えるべく、必死の努力を続けています。上場企業にとっては成長する姿を市場に示し続けることは極めて重要です。一方で市場に示すものは目標というよりはコミット、約束ですから意味合いが全く違います。

さらに言えば、着実に利益を上げることは上場企業として最低限の務めだと思います。そうでなければ、上場企業の資格なし、というくらいの覚悟が求められるのだと思います。

「薩長同盟」や「船中八策」により大政奉還のきっかけをつくるといった歴史的偉業を成し遂げ、「海援隊」を創設するなど先見性に富んだあの坂本龍馬でさえ、こう言っています。

「俺は着実に物事を一つずつ築きあげてゆく。現実に合わぬことはやらぬ」

常に業績の「着地」を見据える

週次、月次の管理とともに、私が重視してきたのは業績の「着地見込み」です。これはいろいろ話を聞いていると、単月と累計の数字は把握していても、着地見込みを見ている企業は意外に少ないようです。

先ほどの経営計画の立て方と同じですが、事業部と密接に連携して、今の売上の状況がどう変化しているかを見ていくということです。

単月の売上や実績、年度累計の数字はわかっていても、それが今度は年度の予算に対して今残りはどうなっているのか、どういう数字で着地しそうかということを見ていくことが大事だと考えています。

なぜ、意外に多くの会社でこうした作業をしていないかというと、少し細かい話ですが、会計ソフトや試算表では単月の実績や累計の実績は出ますが、逆に言えばそれしか出ません。特に上場を考えていない、あるいはできたばかりのベンチャー企業では、普通に予算と実績の管理くらいしかやっていないのだと思います。

前述のプロパストのように、不動産業は売上が大きく変動するリスクを常に抱えています。ですから、予算に対して業績がどのように着地していくかは、常にウォッチしていました。

「今は累計でここまで来ているから、残りはこんな感じだろう」と感覚で捉えるのではなく、きちんと数字を組み替えて、残りの期間の変化を踏まえて、どう着地するかを捉えていかなければなりません。

足元で予算に対して業績が進捗しているといっても、例えば残りの３カ月、４カ月で状況が大きく変わる、例えば不動産会社であれば、売上５００億円で業績予想を出している会社で50億円のマンション１棟売り案件の引き渡し日が３月31日から４月１日に１日ズレるだけで、売上が10％下振れし下方修正になる可能性があります。

やはりゴールから逆算して物事を考えることが大事です。大企業であろうと中小企業であろうと予算を達成する必要があります。税務申告書を提出するにあたっても、営利活動を行っている法人はきちんと黒字化して納税することが重要であり、そのために事業活動を行っているわけです。その目的に向かって状況がどうなっているのかを把握するのは極めて重要なことだと言えるでしょう。

業績予想達成という重責

私がＩＰＯに関わり実現した3社のうち2社は、上場した翌期において上方修正し、上場申請期においても1社は上方修正、他はほぼ予想通り着地しています。

★筆者が IPO に携わった３社の予実

（単位：百万円）

		上場申請期			上場申請翌期		
		予想	実績	達成率	予想	実績	実績
プロパスト	売上高	65,594	80,406	122.6%	109,600	110,783	101.1%
	経常利益	6,013	9,331	155.2%	12,247	17,338	141.6%
トランザクション	売上高	7,480	7,480	100.0%	8,050	8,347	103.7%
	経常利益	343	308	89.8%	529	464	87.7%
ショーケース・ティービー	売上高	983	983	100.0%	1,205	1,237	102.7%
	経常利益	249	249	100.0%	261	295	113.0%

上場後のコーポレート部門の重大な責務を負った仕事として、予実管理があると思っています。株式マーケットでコミットした数値を絶対に達成する、それはパブリックカンパニーとしての重大な責務であります。

ただ、現状の景気不透明感の環境下において、業績予想の達成に苦労している会社が多いものと感じています。しかし、業績予想の達成については、経済状況の不透明感による課題というよりは、いつの時代でもどの経営者でも頭を悩ませていることが多いものであるように思います。ある企業では、過去数年間にわたって赤字続きであり、当然予想に対して未達であり、その事象に対して抵抗感すら感じなくなってしまっていることもあるようです。

ＩＰＯ時も同様で、経済環境が不透明な状況においては、達成できるかできないかも不透明であるので、精度の高い予算を策定するというよりは、思いっきりストレッチした目標を大きく掲げて、最大限のファイナンスをすることを重視している会社が多いように感じます。

業績予想が達成できない主な要因は2つあると考えます。第1に予算のモニタリングが不十分であること。取締役会や経営会議が形骸化、もっと言えば、コーポレートガバナンスが効いていないことが大きな要因ではないかと思います。もう一つの要因は、そもそも予算の実現可能性が低いという問題です。ＩＰＯ企業においてはこれがほとんどであると思います。

当然ながら、実現可能性が低い予算をいくら完璧にモニタリングしたところで結果が出るはずがありません。ここで言う「実現可能性が低い予算」というのは、予算の前提となっている諸条件に現実味がなく、計画どおりに施策を実行しても計画どおりの結果が出ない可能性が高い状態を言います。

例えば、売上の計画において、前提として使用している市場規模のデータが極めて

業績予想が達成できない要因

1. 予算のモニタリングが不十分であること。
2. 予算の実現可能性が低いこと。

楽観的であったり、受注の読みが１００％であったりという想定がされていれば、この売上を達成する可能性は低いと判断されます。

以上、業績予想を達成しない理由として２つの主要因を挙げましたが、ことＩＰＯ時ということに限れば、未だモニタリング体制は確立されていない場合が多いと思います。それは、「業績予想の実現性がそもそも低い」ことが要因であり、まずはこの実現性を高めるためにどうしたらよいかを述べたいと思います。

経営計画の実現性とは？

上場企業が公表する業績予想の根底となる経営計画には、一般的に3年スパンで策定する「中期経営計画」と、1年スパンで策定する「年度予算」があります。ここでは、中期経営計画および年度予算の総称として、「経営計画」と呼ぶこととします。

経営計画の実現性評価とは、貸借対照表や損益計算書を主とした財務目標を達成するために、経営計画に盛り込まれている戦略や戦術に妥当性があるか、達成可能性は十分か、現実的にはどの程度の達成レベルになりそうかを評価することです。

実現性の高い経営計画は、次のような特徴があります。

①理念、ビジョン、戦略に基づいた具体的な計画となっている。全社計画が部門計画から社員一人一人の具体的な活動計画にまで落とし込まれている。

②具体的な活動計画に落とし込まれているとともに、その目標レベルが明示されている。さらに責任者やスケジュール、期限が明確である。

③計画の前提条件としてフレームワークに基づいた分析がなされている。事業リスク分析とその対策案も講じられている。

④市場規模や成長率の見方・捉え方に慎重である。積算の前提条件は算定根拠をしっかりと持ち現実を踏まえている。

このように目標水準の算定に現実味がある計画の場合は、目標を達成できる可能性が高いと思います。

逆に実現性の低い経営計画は、この逆です。目標が不明確で施策とリンクしておらず、誰が何をどのように、いつまでに実行するか具体的な活動計画に落とし込まれておらず、計画の前提となる外部要因の見方が楽観的で事業リスクを踏まえておらず、算定根拠がない計画です。

実現性の高い経営計画

1. 理念、ビジョン、戦略に基づいた具体的な計画となっている。全社計画が部門計画から社員一人一人の具体的な活動計画にまで落とし込まれている。
2. 具体的な活動計画に落とし込まれているとともに、その目標レベルが明示されている。さらに責任者やスケジュール、期限が明確である。
3. 計画の前提条件としてフレームワークに基づいた分析がなされている。事業リスク分析とその対策案も講じられている。
4. 市場規模や成長率の見方・捉え方に慎重である。積算の前提条件は算定根拠をしっかりと持ち現実を踏まえている。

また、しっかり策定していても、そもそも実行できるレベルに落とし込まれていない計画であったならば、おそらく実行できないと考えるべきです。

この観点から、コーポレート部門は、M&Aのデューデリジェンス（資産査定）と同様、客観的な見地から各部門の事業計画、会社全体の経営計画を評価し、経営陣や事業責任者と膝を突き合わせて実現可能性を話し合い続ける必要があります。

「中庸」の教え

その際に注意しなければならないのは、経営計画の蓋然性を高めるために、単純に目標値を下げるやり方です。ここはコーポレート部門の腕の見せ所ですが、現実的なラインを見せて終わりにするのではなく、いかに策を練って当初目標にまで積み上げさせるかが重要です。

松下電器産業（現・パナソニック）創業者の松下幸之助さんは、「人と比較をして劣っているといっても、決して恥ずることではない。けれども、去年の自分と今年の自分とを比較して、もしも今年が劣っているとしたら、それこそ恥ずべきことである」

と言っています。法人も個人と同様で、特に上場企業としては、少なくとも前期比でそれなりの成長が求められてしかるべきです。

そこで、実際の場面では、実現性の低い施策についても、いくつかチャレンジ目標として計画に入れ込むことになります。

重要なのは、何が実現性が高く、何が低いのかをきちんと理解した上で計画を策定することです。「無理はしても無茶をしてはいけない」、それを念頭の上で、落としどころを決めるのが最もベターな経営計画になるものと思います。

その際には、計画を２パターンないしは３パターン策定しておくのが良いと思います。

実現性が低いものは省いたミニマム目標である「コミット予算」、実現性の低いものも入れたマックス目標である「ターゲット予算」、そしてその中庸目標の「ミディアム予算」を策定しておき、公表するのは「コミット予算」もしくは「ミディアム予算」、社内での目標管理は「ターゲット予算」で行うやり方をした時もありました。

コミット予算は超保守的に、最悪のシナリオを想定し策定しておきました。最悪を想定しておけば、実行前段階で安心感が出てきますし、精神衛生上も良いものと思い

「中庸」の大事さを教えてくれる「宥座の器」(史跡足利学校所蔵)

ます。

栃木県足利市の足利学校に「宥座の器(ゆうざのき)」というものがあります。「宥座(ゆうざ)」とは、常に身近に置いて戒めとするという意味で、孔子の説いた「中庸」ということを教えるものです。

壺状の器に水が入っておらず空の時は傾き、ちょうど良い時はまっすぐに立ち、水をいっぱいに入れるとひっくり返ってこぼれてしまいます。

『論語』で有名な孔子は、「いっぱいに満ちて覆らないものは無い」と慢心や無理を戒めました。

「楽観的に構想し、悲観的に計画し、楽観的に実行する」

そして実行局面において重要なのは、実現性に応じた優先順位づけや軌道修正を行うことです。実行してみて予想外に伸びるもの、予想外に伸びないものなど、想定外は必ず出てきます。その上で経営計画を達成するための効率的な経営資源配分を行う統制活動を実施していけば、計画の実現可能性は高まるものと考えます。

戦国時代のような古来の戦争における実際の戦闘は、地理的条件や気象条件といった先の読めない環境条件であることはもちろん、相対する敵はどう動いてくるかわからず、未来の予測が極めて立てにくい状況にありました。

そのような状況下、兵法書である孫子には「勢とは利に因りて権を制するものなり」といったものがあります。これは、その時々の状況に即して、臨機応変に動くことが「情勢に対処する」ことなのだという意味だそうです。

しかし、このような状況下において、事前の計画や予測が無用の長物なのかと言えば、そんなことはないと思います。前述のとおり「事前に起こりうる最悪の状況をしっかりと考えに考え抜いておき、その対処法も複数案準備しておく」ことはナポレオンも行っていた方法と言われています。

いくら先が読めない状況下にあるとは言え、起こりうる最悪の状況ならば事前に考え抜けるはずです。「備えあれば憂いなし」ではありませんが、その準備さえ万全に行っておけば、少なくとも不敗は維持できると思います。

ただし留意すべきは、人間というのは不思議なことに、計画と臨機応変のどちらかに偏り過ぎる面があるということです。「会社の数値を詳細に把握して、しっかりと経営計画を策定すれば外すことなんかないはずだ」という社長と「数値や計画なんてあてにならない。あくなき高みを目指すためには計画なんかに囚われるよりも経験から研ぎ澄まされた直感やセンスが重要だ」と言ってしまう社長を対比して考えるとわかりやすいかもしれません。

確かに、戦いにおいては、情報の質によっても、そもそも計画できる部分とできない部分があります。計画できる部分は徹底して計画を詰めて、計画の立てられない部分に関しては臨機応変に対応することが成果をあげるカギになると言えます。

また、孫子の有名な格言である「彼を知り己を知れば百戦して殆うべからず」の中で、「彼」とは、目先の敵を含む周辺のライバル全てという意味であるらしく、第３の動きまで目配りしなければならないという意味合いと聞きました。

まず、自分自身の努力で維持・構築できる不敗の態勢を守っておき、敵や環境がチャンスを見せたら勝ちを目指すことです。不敗の態勢を築けるかどうかは自軍の努力次第によりますが、勝機を見出せるかどうかは敵の態勢如何にかかっています。不敗を守っておいて勝利を目指すという精神が、いつの時代でも必要と言えます。

徳川家康も不敗を守って、敵と己を客観的に評価した上で物事に対処していました。己よりも力がある信長から嫡男・信康の切腹を命じられたり、秀吉から先祖伝来の三河から離れ江戸に転封を命じられたりという理不尽な要求にも従って屈辱に耐え、ピンチをチャンスに変えたからこそ、天下を獲得出来たのだと思います。

また、京セラ創業者の稲盛和夫さんも次のような言葉を言っています。

「『楽観的に構想し、悲観的に計画し、楽観的に実行する』ことが物事を成就させ、思いを現実に変えるのに必要なのです」（『生き方』（サンマーク出版）より）

会社の中で中長期的な視野と短期的な視野を併せ持つ。また、楽観さと悲観さ、大胆さと慎重さを常に併せ持つ。これは、相反することでなかなか難しいことではあり

「『楽観的に構想し、悲観的に計画し、楽観的に実行する』ことが物事を成就させ、思いを現実に変えるのに必要なのです」

（稲盛和夫著、『生き方』（サンマーク出版）より）

ますが、これらを心掛けて仕事を進めていくことで成長を続けながら、足元をすくわれず、危機管理能力を併せ持つことができるようになるのではないかと思います。

先の見えないビジネス社会において、そしてこの業績予想という極めて不確実性の高い事柄に対しては大いに考慮すべき考え方であると思います。この考え方によって外部環境に大きく影響されない強固な企業体を作り上げられるのではないかと考えます。

組織は部分最適ではなく「全体最適」

ＩＰＯを目指す段階における組織づくりについても、私の経験から言えることを書きたいと思います。

部門・人が増えると、得てしてセクショナリズムが生まれてきます。これは組織の大小にかかわらず、「縄張り意識」という人間の本能的な意識から必ず生まれてくるものです。それぞれ役割・機能を持って部門を分けているのだから当然のことだと考えるべきでしょう。

上場を目指す会社は、会社のライフサイクルで言えば、成長前期から後期に差し掛かっているのではないかと思います。人員が大幅に増加し、「官僚的な雰囲気」が芽生えてくる頃でもあります。

この時期にある会社はまず、それぞれの機能を最大限に発揮させることを最優先に考えることが先決だと思います。

人間、私も含めそんなに器用なものではありませんから、今の状況下でセクショナリズムなく仕事をすることも難しいのも現実です。それを全員できるならば、社長直轄で完全にフラットな組織で良いということになりますが、それは非現実的です。組織である以上、セクショナリズムはあって当然だと考えるべきです。

そんな中で1人ひとりが会社全体における自分の位置づけを明確に認識することが大事です。それによりお互いの立場がわかってくると思います。そこから部門同士の配慮や心遣いが生まれてくるものと考えます。

物事を成していく上において、全てに満足する回答はあり得ず、その時その時の「最適解」があるのみです。それ程に問題の様相は複雑であり、参加者も大勢であり、それぞれの観点から考えれば、全ての人の満足は求め得ないでしょう。

「連立１００元方程式」の全てに正解となる答えはあり得ません。それを求める事は時間の浪費であり、最も全ての答えに近い解を最適解として求めるしかありません。

上場を目指す会社は、業務の役割・分掌が明確に決まっているわけではないことが多いでしょう。特に、体制整備を行う中で組織間に様々な摩擦が生じてきます。

その時にも、全員が満足する解はありませんし、自分達だけが満足する解もありません。そのことを組織の全員が認識する必要があると思います。

お互いの思いやりと譲歩も必要であり、どこまでも自我を貫く事は組織では許されません。理想としては、最適解を見つけようと全員で考える努力が重要になります。そしてそれは部分最適ではなく、「全体最適」につながるという思いが大事です。

相容れない「起業家」と「コーポレート部門」

常勤の社外監査役は、上場を目指さない会社では設置していない場合が多いものと思います。まずは上場準備を本格化するにあたってコーポレートガバナンス体制構築で最もキーマンとなるのは常勤の社外監査役です。特にベンチャー企業の場合は内部で監査役になり得る人材がいないことがほとんどのため、外部から招へいする形になります。

社外監査役は、コーポレートガバナンス体制構築の観点から、企業の健全性確保のための「お目付け役」という立場になります。絶対的権力者である創業者にも忌憚なく物が言える方、そして上場企業での経験のある方を選任することが望ましいのです。社外取締役も同様で、取締役の独立性確保や株主利益を代表して牽制機能を果たせる方を選任することが望ましいでしょう。

現在は、東証でコーポレートガバナンス・コードという上場企業が守るべき行動規範を示した指針があり、73原則に対する方針を決めていく必要があります。世界70カ国にのぼる国で策定されているものであり、海外の機関投資家からの要求事項でもあることから、グローバルに通用する企業となる意味でも対応は必須と考えます。

そして、上場準備が進むにつれて証券会社や監査法人から、より深く広く指摘を受けていくことになります。「公」の企業としては、一定のルールに従って企業活動を遂行していくことが求められるためです。一定のルール、いわば一般的なこと、常識的なことに合わせていく必要があるということになります。

一方で、上場を目指す成長性の高い会社のビジネスモデルは、一般論、常識論にとらわれずに新たな市場を開拓し競争優位性を確保してきたことも、また事実です。一般論・常識論に捉われれて、この成長市場の中で競争優位性を失っては本末転倒です。上場準備段階においては、それまでになく外部から様々な指摘を受ける上で、一定のルールに従いつつも、これまで培った会社の強みを失わない改革・改善活動が必要になります。

よって旧来の常識に盲従するというのではなく、競争優位性を持続的に確保できる強みをこれまで以上に強くする、その観点での改善を考えていく必要があります。

その意味で「起業家」と「コーポレート部門」は相容れない面があるのかもしれません。起業家は、自身が考えてきた独自のビジネスモデルを追求し続けることに最大の価値をおいているのに対し、コーポレート部門は社会の目を意識した組織体制構築を目指すものだからです。

上場準備がうまく進むかどうかは、起業家である経営者とコーポレート部門とがどう信頼関係を構築していくか、また密なコミュニケーションをどう行っていくかにかかってきます。信頼関係を築くことができれば、証券会社や監査法人からのオーナー企業脱却の指摘・改善事項を受け入れてもらうことができるようになります。

不測を不測としない危機意識を持つ

上場を目指す会社にとって、コンプライアンス・リスクマネジメント体制の構築は必須です。私自身は、これまでの経験の中で次のように心掛けて体制を構築してきました。

昨今、企業経営者が直接関与した不祥事が頻発していて、経済同友会の調査によると、「企業不祥事の主たる原因は経営者にある」との認識が約7割（69％）に達しています。一方、直接関与していない場合でも、63％の経営者が「不正行為はないと確信しているが、正直なところ不安がある」とも回答しています。

最近、産業界で、ちょっとした不始末で会社が取り返しのつかない影響を受けてしまうことが多いのも現実です、コンプライアンスの問題という言い方だけでは済まされない根深いものを感じますが、その中には経営者にとって「不測の出来事」というものもあろうと思います。

しかし、市場や一般社会の目から見れば、「不測の出来事」では済まされない場合が多いものです。ですから「不測」を「不測としない」危機意識を常に持つことが求められます。かといって、事業活動の萎縮に繋がってはいけないし、そういう意味でバランス感覚を保つことも大事です。そして不祥事が発生した時に素早く臨機応変に対応できる姿勢が重要になります。

その際に心がけることは、不祥事の発生が看過されずトップまできちんと伝達されること、そのサインを見落とさないことです。ありがちなのは、コーポレート部門が発生の責任を問われることを恐れて行動しないことです。

覚えておいていただきたいのは、コーポレート部門だけが、その責任を追求されることはないということです。ですから能力を超えて自分に抱え込むことや、見落とすことは絶対に避けていただきたいと思います。

社内全員で損害賠償の発生、信用の喪失、法令違反について敏感な感覚を持ち、そのシグナルをキャッチするよう努めることが求められます。

兆候をキャッチした時は自分だけで抱え込まず、関係者に速やかに共有し、経営者や上司の判断を仰ぐことが肝要です。それが「氷山の一角」ではなく「海面のゴミ」

であることもあるかも知れません。それについても勝手な判断をせず、疑わしきことは即通達することです。

クレームがあった場合、若しくはクレームになりそうな事態の発生が明確な時は、出来るだけ迅速に行動に移すことです。取引相手や外部から指摘された後に動くのと、こちらから主体的に動くのとでは全くその後の収束が異なります。

クレームに対しては誠実に、かつ強い意志を持ち、粘り強い対応を続けることです。少しずつ、かつ迅速に継続的に収束を図ることが大事です。一度の対応で全て解決できるとは思わないことが重要で、修復には少なくともその倍の時間を要すると考えておく必要があります。

普段から社内全員で日刊紙、業界紙で情報収集に努め、法令改正に敏感になるように心がけましょう。

「コンプライアンスマニュアル」を厳守するとともにオープンな環境の中で、衆目監視など、重層的に常時チェックが成されなければいけません。改めて社内全員の意識の向上が必要です。事業を進める中で、利益を追求する一方、「それはお客様のためになっているか?」を常に自省する事が求められます。

また、上場企業の場合、インサイダー取引防止体制の構築は徹底的に行わなくてはなりません。故意的な事例は勿論、本人にはその気のない無意識やうっかりのインサイダー取引もあります。これに関しては、疑わしきは罰する姿勢で会社が取り組まなければなりません。経営者は当然のこと、全社員がインサイダー取引に関して正しい知識を身に付け、疑いをもたれないような強い意識を持つことが必要です。

情報管理についても意識改革が必要であり、上場企業の役職員である自覚を持ち、壁に耳あり、障子に目ありと考え、緊張感を常に持って行動し、軽率に情報を話してはなりません。「李下に冠を正さず」というだけではなく、「李下に近寄らない」ようにする慎重さも必要になっています。インサイダー取引に関しては0・001％のリスクでも受け容れがたいと考えるべきです。

他に組織内で取り組むべきこととしてはコンプライアンス委員会を四半期に1回は最低開催することをお勧めします。緊急事態が生じた場合、弁護士の出席を待っているると時間調整が難しいとかで対応に時間が喰われることにもなり、また身構えすぎることにもなってしまいます。社内メンバーだけでも良いので、体制づくりを急ぐことです。自分たちで危機対応のレジュメを作成し、弁護士に打診して対応への練度を高めていくことが大事です。

リスクはどこにでもあり、それは問題、あるいは危機として起こり得ます。その時、衆人監視でその兆候を速やかに感じ取る環境が出来ていることが危機対応の根本となります。問題が起きたら全速、全力で対応することが肝心です。

危機や重大な法令違反が起きた場合、誰それの責任論だということが先に来ると問題解決にも支障が出がちです。問題発生の本質を早く的確につかみ、解決の道筋をつけなくてはなりません。対外的に償いきれないことがあったとしたら全ては経営陣の責任となります。何が大切かを考えて行動するか、ＩＰＯを目指す上で常に心がけていただきたいと思います。

計画策定の具体的手順

上場企業は、投資家から将来を期待されて投資して頂くものですから、その根拠となる中期経営計画は最も重要であると言って過言ではありません。

将来的に会社を維持・発展させていくために今、自社として何をすべきかを明らか

★経営計画策定の目的

1．目的意識の喚起と共有化
→経営者、会社、部門、個人が共有できる目標を設定できる。

2．コントロール・ツール
→経営者と上級管理者が一定期間ごとに進捗管理し、組織を同じ方向に引っ張っていくことができる。

3．スケージュール・プログラム
→3年後までに新規事業をどのようにしていくかといった時間軸のある行動計画を持つことができる。

4．コミュニケーション・ツール
→トップとミドル、ミドルと現場、あるいは部門と部門の間の上下左右のコミュニケーションを円滑にすることで、ブラッシュアップされたアイデアを生み出すことができる。

にするのが中期経営計画です。中期経営計画はその会社の従業員に会社発展の意識とイメージを抱いてもらうように、全社的なベクトル（方向性）を揃えていくツールでもあります。

経営者や一部の幹部だけが目標を持っていても、従業員がしっかりと理解し共通の目標としなければ、会社としてのベクトルは一致しません。ベクトルが一致しなければ、目標の達成が難しくなるのは明白です。

中期経営計画には全社的な組織改革、あるいは事業部門やコーポレート部門の組織変革や改革もあります。例えば具体的企業で言うと、日産自動車のカルロス・ゴーンさんの改革は「リバイバルプラン」に代表

★経営計画策定の構造

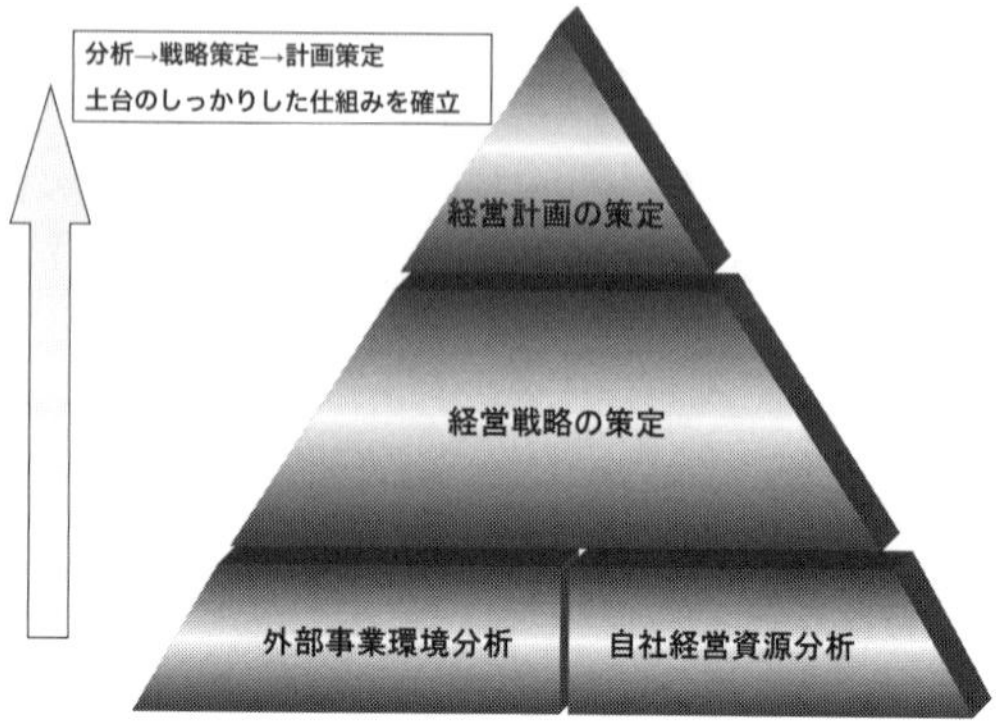

される「言葉の統一」から始まりそれが改革を実現する上で功を奏しました。ただ言葉レベルでいくら目標を掲げても数値目標がないと管理できません。ゴーン改革も3年間で20％のコスト削減という明確な数値目標がありました。

数値目標の基礎となるのは、やはり財務データです。企業の過去を的確に捉え、将来を適切に描く。この両面を着実に、誤りなく行うことで、企業が存続・成長・発展できます。コーポレート部門というのはそうした重要な任務を負っているのです。コーポレート部門がそうしたミッションを強く認識し、過去の実績数値から財務分析を行い、今後の事業戦略の方向性を示す意味

★経営計画策定の側面

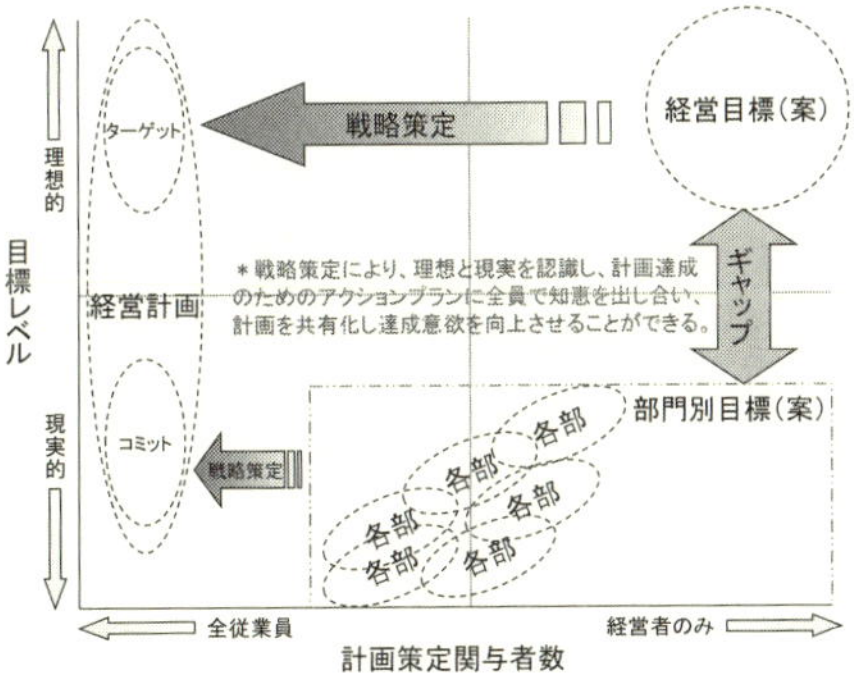

から企業価値算定を行って、具体的な計画数値案を複数策定できれば強い会社になります。

次ページのようなＥＶＡ（経済付加価値）分析を実施して経営層に対し、企業価値、株主価値から逆算して戦略や計画を提言できるとコーポレート部門の付加価値は更に上がります。

計画策定のポイントとして、計画は出来る限り小さい組織ユニット単位で策定して積み上げることです。また、全社はもちろんのこと、各事業部単位でも「ＳＷＯＴ分析」（会社を、「強み（Strength）」「弱み（Weakness）」「機会（Opportunity）」「脅威（Threat）」の四つの軸から評価する手

★EVA パラメータ

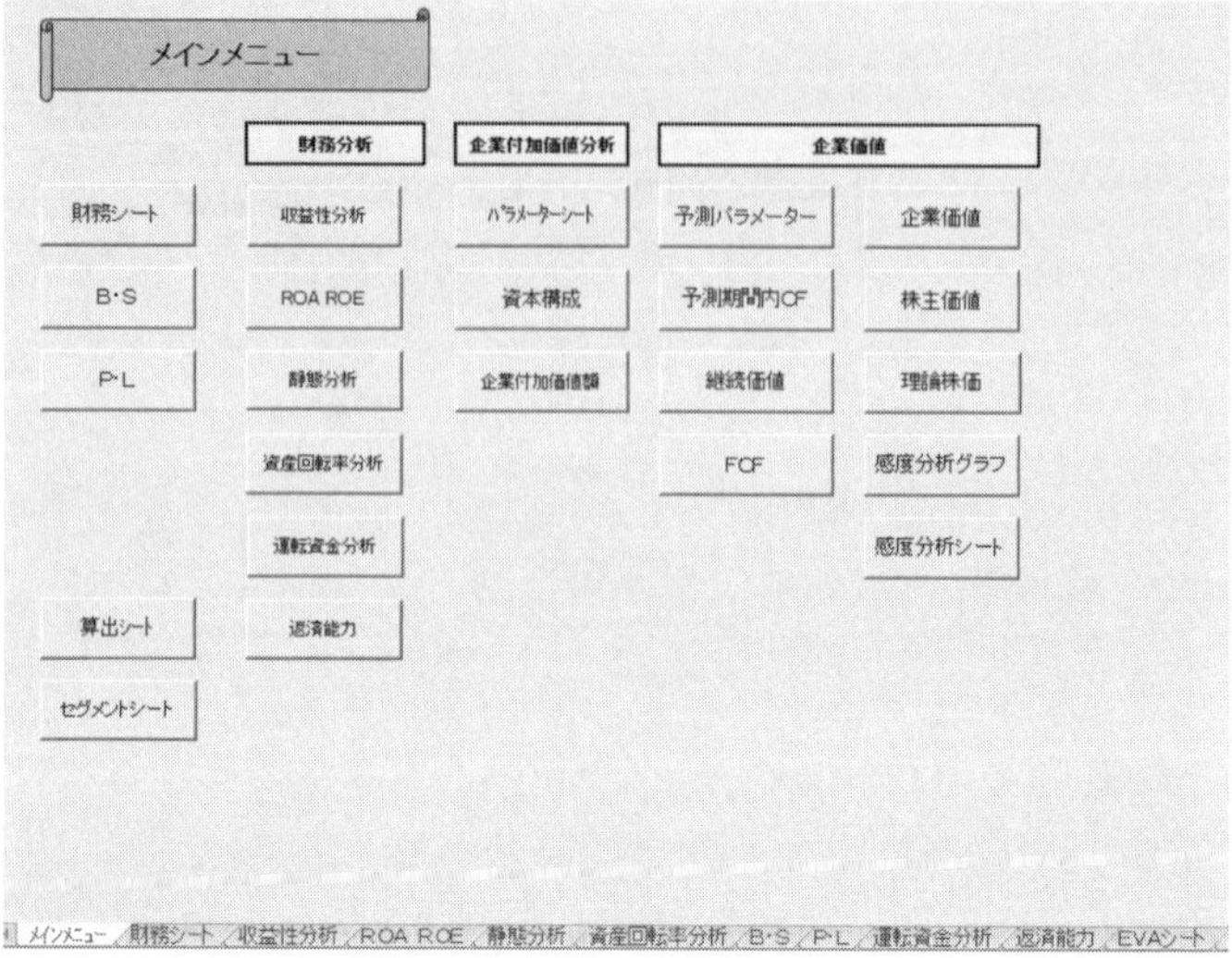

★EVA シート

ROA ROE

MENU

		H11.3	H12.3	H13.3	H14.3	H15.3	H16.3	H17.3	H18.3	H19.3	H20.3
ROAの分解	ROA	6.37%	6.31%	6.41%	2.53%	1.97%	1.03%	3.84%	5.95%	5.90%	6.70%
	売上高事業利益率	7.04%	10.33%	8.31%	5.04%	4.53%	1.48%	5.87%	9.89%	10.53%	11.36%
	総資本回転率	0.90	0.61	0.77	0.50	0.43	0.70	0.65	0.60	0.56	0.59
ROEの分解	ROE	50.70%	62.35%	47.24%	27.99%	18.34%	−71.60%	47.73%	40.48%	15.91%	14.95%
	売上高当期純利益率	2.83%	5.56%	3.97%	3.16%	2.30%	−2.31%	3.42%	3.61%	4.44%	5.00%
	自己資本回転率	0.90	0.61	0.77	0.50	0.43	0.70	0.65	0.60	0.56	0.59
	財務レバレッジ	19.82	18.37	15.44	17.64	18.34	44.49	21.32	18.61	6.39	5.06

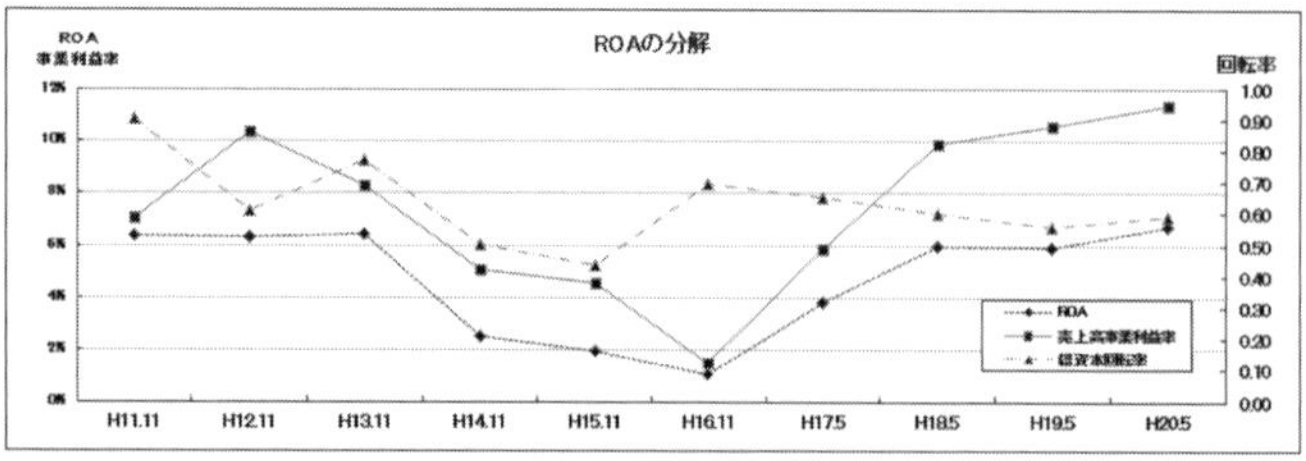

メインメニュー / 財務シート / 収益性分析 / ROA ROE / 静態分析 / 資産回転率分析 / B･S / P･L / 運転資金分析 / 返済能力 / EVAシート / 資本構成

★ SWOT 分析

	Strength（強み）	Weakness（弱み）
Opportunity（機会）	①強みを活かし機会を掴む	②機会を逃がさないよう弱みを克服する
Threat（脅威）	③脅威からの影響を最小限に止める	④撤退し他に委ねる

法）や、「5フォース分析」（業界の収益性を決める五つの競争要因から、業界の構造分析をおこなう手法）3C分析（ビジネスのプレイヤーを市場（顧客：Customer）、競合（Competitor）、自社（Company）と3つに分類し分析する方法）を行うことです。

これら3つのフレームワークはありふれたものと思われるかもしれませんが、意外にしっかりとやっている会社は少ないものと感じています。この3つを徹底的に行うだけでも計画の蓋然性は格段に向上するものと考えます。特に3C分析の中で、「我々にとって顧客は誰なのか、顧客満足度を高めるためには何をすれば良いのか？」を徹

★３Ｃ分析

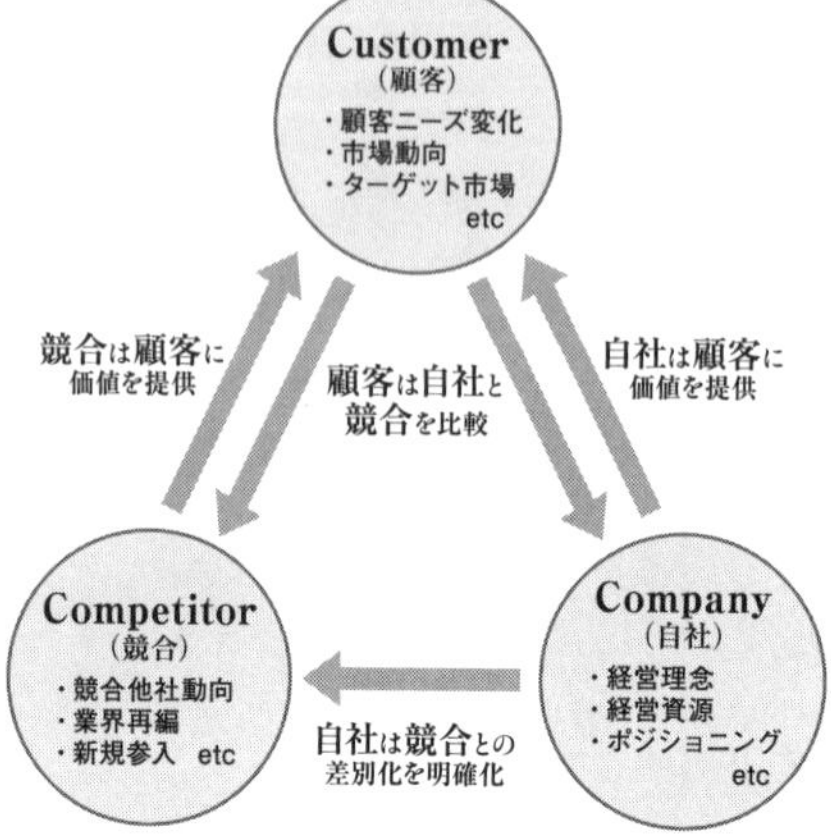

★５フォースモデル

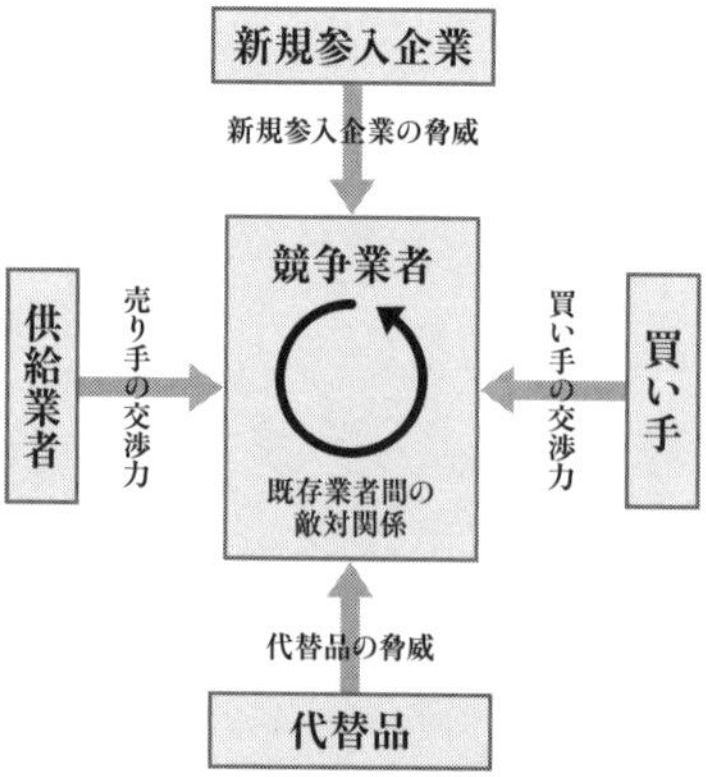

「新訂競争の戦略」M.E.ポーター
ダイヤモンド社 引用

★ポジショニングマップ

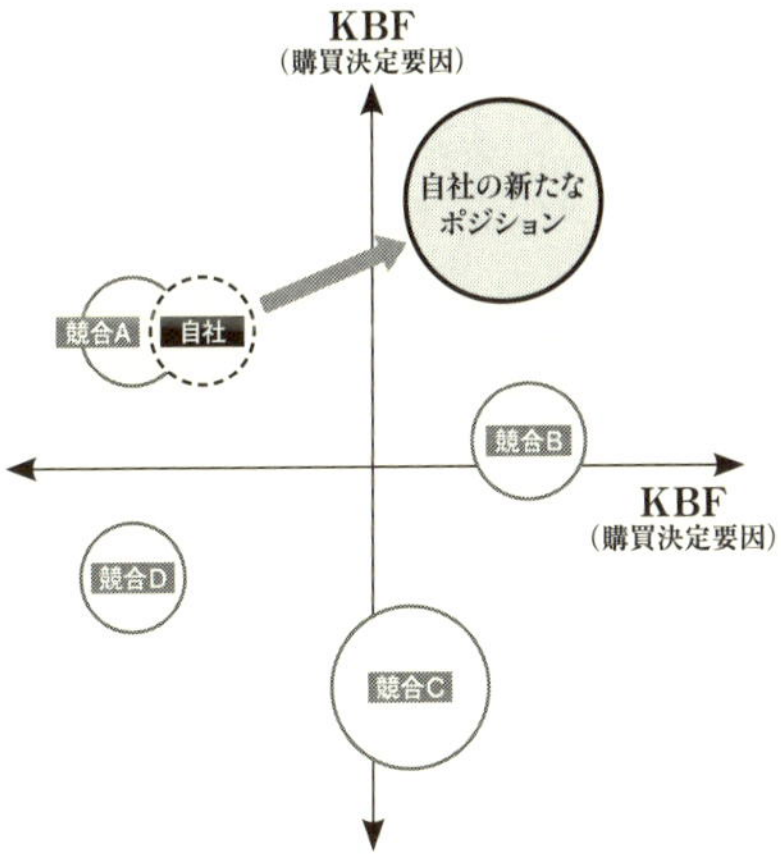

底的に追求することが重要なのではないかと思っています。社会学者、哲学者でもあり、経営学者でもあったピーター・ドラッカーも「企業の目的は顧客創造である」と言っています。

そして、これらを踏まえた上で自社の取るべきポジショニングが明確になります。ポジショニングとは、マーケットで独自のポジションを築き、ターゲットとなる顧客に、ユニークな差別化イメージを持って貰う活動です。顧客に「このサービスって他と比較して良いよね」とか「ここの商品を使うと他の商品が物足りなくなるよね」と思って頂けるようにすることです。言ってみればどのように「競合優位性」を築くかを考えることであり、会社として採るべき戦略につながると言えます。ベンチャー企業にとっては大企業や先行企業に比べて少ない経営資源で勝つ上で、どのようなポジショニングを取るかは極めて重要です。

また、経営者には、経営ビジョンの策定、経営目標の設定、事業ドメインの再設定を毎年必ず行ってもらいます。環境変化の激しいこの時代、ましてやスピードが求められるベンチャー企業であるならば、当然のことながら中期経営計画は変化に対応できるようローリング方式で策定していきます。

もちろん、損益計画は各事業部単位で売上、売上原価の予算だけではなく、販売費及び一般管理費まで策定します。また、直接的な費用だけではなく、会社全体でかかる間接費の配賦基準を全員で話し合い、納得したルールを決めて間接費を含めた事業部損益を意識させることは重要です。そのためには勿論、部門長レベルには損益計算書の構造を理解してもらった上で策定してもらうことになります。

大事なのは、ボトムアップとトップダウンの融合、そこをコーポレート部門が調整を図ること、入念な事前準備のもと期末の3カ月前から策定に取り掛かり社長と各事業部門とは最低3回は打ち合わせを行うこと、双方が納得するまで打ち合わせを行う

★経営計画策定フロー

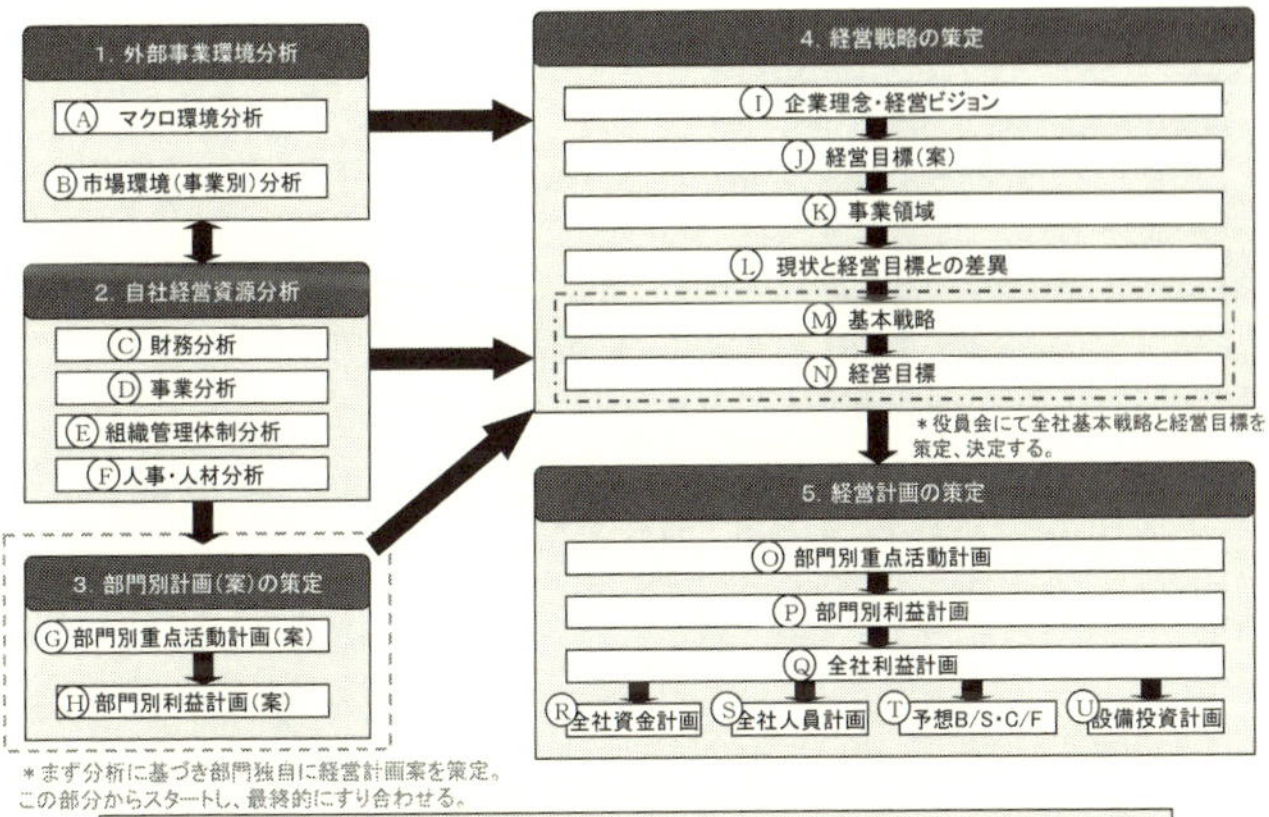

＊まずは2年目・3年目の計画を策定してから足元の月次ベースに落し込んだ年度予算を策定する。

★予算編成手順のサンプル

経営計画策定項目・スケジュール・担当者・決裁者一覧

＊小項目クリックで自動的に各シートに移動　　＊　は決裁者　　＊　は策定者

大項目	中項目	小項目	策定部門・決裁部門					
			取締役会	社長	管理部	企画部	経営企画室	各社各部
外部事業環境分析	－	マクロ環境分析						
	－	市場環境分析						
自社経営資源財務分析	－	財務分析						
	－	事業分析						
	－	組織管理体制分析						
	－	人事・人材分析						
部門別計画（案）の策定	初年度（年度予算）	部門別活動計画（案）						
		部門別利益計画（案）						
	2年度・3年度	部門別活動計画（案）						
		部門別利益計画（案）						
経営戦略の策定	－	企業理念・経営ビジョン						
	－	経営目標（案）						
	－	事業領域						
	－	現状と経営目標との差異						
	－	基本戦略						
	－	経営目標						
中期経営計画の策定	－	部門別活動計画						
	－	部門別利益計画						
	－	全社利益計画						
	－	全社B/S・C/F・資金・設備計画						
年度予算の策定	－	部門別活動計画						
	－	部門別利益計画						
	－	全社利益計画						
	－	全社B/S・C/F・資金・設備計画						

ご記入にあたっての注意点　項目・スケジュール・担当者・決裁者一覧　マクロ環境分析　市場環境分析　財務分析（財務諸表）　財務分析　事業分析

★経営計画策定時のマクロ環境分析のサンプル

★同じく計画策定時の市場環境分析のサンプル

よう取り計らうことです。

最終的なさじ加減としては、現場２：経営１の割合で数値の落としどころとするのがよいでしょう。策定の際には過去３年の実績データをもとに売上は商品・顧客単位で、コストは勘定科目単位では当然のこと、支払先ごとに策定します。過去データも支払先ごとにすべて洗い出し、社長とともに検証して事業部門に指摘します。

経営者が持つべきは「倫理的な価値観」

ＩＰＯ時の株価は70％ディスカウントされていることを意識することも大事です。計画を策定する時もコーポレート部門としては、そのつもりで数値をディスカウントするぐらいの気持ちが必要です。

ただ、経営者がどうしても納得しない場合があります。ＩＰＯ時にもっとバリュエーションを高くするため計画を高くしたいと考える経営者も多いでしょう。その時は、次のように話して経営者に再考してもらうべきです。

「社長が起業した当時のことを思い出してください。上場することは奇跡であり、パブリックカンパニーとしてスタート台に立ったＩＰＯ時に公募価格云々のために数字合わせをするのではなく、ＩＰＯ時には起業時同様の心構えを持って欲しいのです。起業してから懸命に事業活動に邁進してきたように、上場してからマーケットの信頼を勝ち取り、セカンドファイナンスで思い切り資金調達することを考えるべきです」。

また、経営者自らと社員の志を高く持たせるために思いっきり高い予算を組み、予算を達成できなくても前年比で上回れば問題ないだろうという考えの経営者もいます。経営者はそれで満足かもしれませんが、株主や投資家は、たとえ前年の実績を上回っていても、予算を達成できなければ未達であり、予算管理能力のない会社と低い評価をします。

予算や中期経営計画は、いわば株主や投資家に対する公約です。これまで社内的な努力目標であって良かったものが、上場してひとたび開示されると、それは公約になるのです。株主や投資家が欲しいのは公約としての予算であって、経営者の願望ではありません。必要なのは中期経営計画であって、「中期経営願望」ではないのです。

ＳＢＩホールディングスの北尾吉孝社長は自らの著書の中で、「金融の世界で定められている法律というのはいつも後手に回っています。何か事件が起こってから、ようやくそれを禁止しようという方向に動くのです。したがってどうしてもそこに倫理的な価値観というものが必要となるわけです。法律に抵触しないとわかっていてもアンフェアな手法を取らないという高い倫理観は求められるのです」と述べられています。

ハイバリュエーションのために業績予想を思いっきりストレッチし、上場時の初値（公募価格）が高値で、その後株価が下落しつづけるような状況、上場後に業績の下方修正を連発する、上場前に分かっていたであろう不利な情報を上場後に開示したり、創業者が上場後に大量の持ち株を売却したりということはあってはならないのです。

計画統制の具体的方法

繰り返しですが、一度公表した予算や中期経営計画は公約となります。公約を実現するためには、「目標を目指して努力します」と精神論を表明しても何の担保にもなりません。だからこそ予実管理、統制が必要になります。

売上面での管理ポイントは、前述のとおり週単位での見込みの把握ですが、コスト

★予実管理の目的

- 予実管理の目的は、計画通りに進捗が進んでいるのか計画期間中にチェックを入れることで、必要に応じて追加施策を講じるなど機動的な対応を行い計画の実現可能性を高めることにあります。
- ただし、予実管理の結果　当初の計画の実現可能性が低いことが判明した場合には計画そのものを見直すことも重要です。

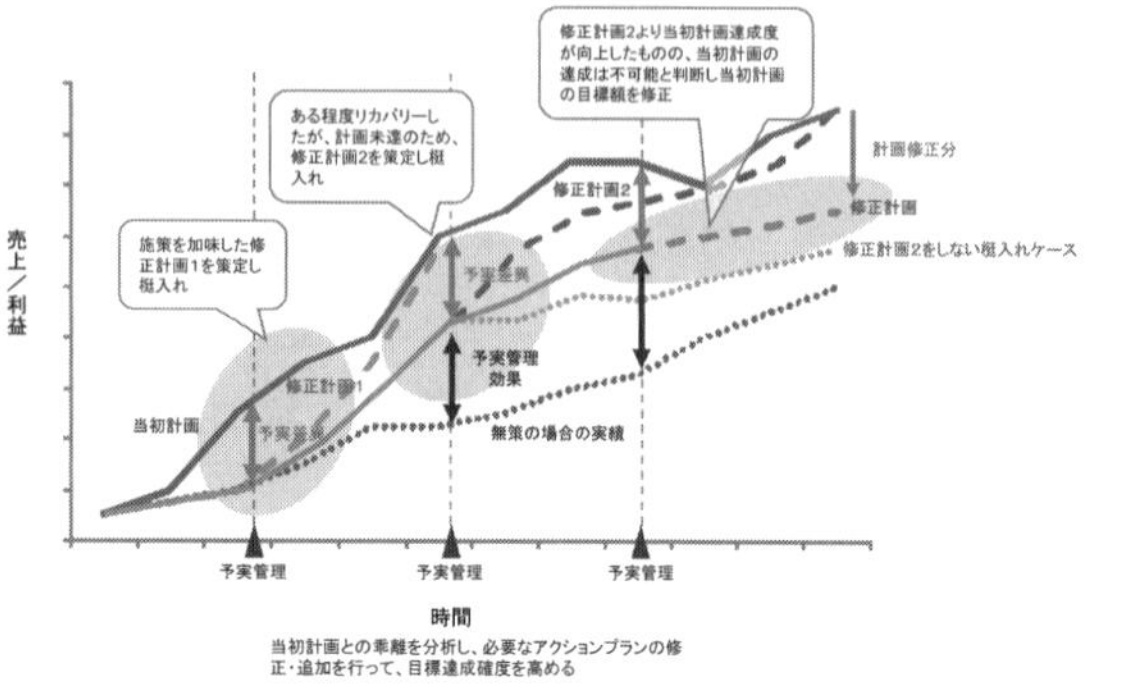

出所：アドバンスト・ビジネス・ダイレクションズ

面での管理ポイントは、次の4点の意識を醸成することが重要と考えています。

部門長レベルが自ら事業部の間接費配賦を含めた損益計算書予算を策定することと、その達成如何で人事評価やインセンティブが決まる仕組みを構築することでコスト意識は高まると考えます。多くのベンチャー企業は売上の管理しかできていない現状がありますが、ここまでできれば予実管理の精度は突出するでしょう。

①事業部損益計画に加え資金計画も作る

人々が僅か僅かと思いつつ支出する経費の集積ほど恐ろしいものはありません。会社のお金をかけることについて痛みを持つことが何よりも大事です。鈍感になってはいけません。

また、キャッシュフローは人間に例えると血流であり、会社全体でコントロールしなければなりません。キャッシュマネジメントがうまくできないと経営活動に甚大な影響を及ぼすことになります。会社全体の資金計画は勿論、きちんと部門長レベルであっても資金計画を管理することが理想です。

社員、部門長レベルに至るまで、今自分がしていることのコストを常に考えることです。細かい話ですが、備品、事務用品等も管理方法、場所までも考え、会社全体で目録を作成し管理することが大事です。基本的には各人がコスト意識を持てるかどうかが課題となります。組織の一員として、やるべき事は沢山ありますが、互いに注意をし合える仕組みが必要です。

②人件費コスト

人件費は多くの会社で最も大きな固定費であり、通常社員が得ている給与の3倍は会社が負担しています。したがって、単純作業で自社のノウハウとして残らないものはアルバイト、もしくは派遣や業務委託で十分であることが多いでしょう。

休日出勤が必要な場合がありますが、それにより休日出勤手当ても会社は負担することもあり、また代休を取得すれば平日の労働力を失います。現在、働く時間は削減することが求められる時代ですが、会社としては法律の範囲内で残業してもらった方が新たに1人を雇い入れるよりも現社員の追加的コストの方が低く済むものであり、また、仕事の日数を減らそうと思うと時間を掛けることが必要になり、時間を掛けるほど良い仕事の成果が出る場合もあります。生産性を高くし、人員を如何に効率的に回せるかは計画達成の上で最も重要な要素です。

③時間コスト

世の中に無駄なことはないと言います。そのことをすべきかどうかだけで考えれば大抵のことは行った方が良いかもしれません。しかし一つのことを行えば他のことを行う機会を喪失するものです。即ち時間は大切なコストなのです。最も効果の高いことを優先的に重点的に行うべきです。

④コストの弾力性

そのコストをかけるべきかどうかは、そのコストをかけることにより得られるものとの比較衡量により決まります。100万円のコストをかけ、それ以上に収益が上がるのであればかけるべきです。それが「限界コスト」の概念です。

★予実管理の手順

- 予実管理の手順は、まず計画期間中のある時点での実績と計画の差異の把握を行います。
- その後、差異の分析を行い差異要因を特定し、追加的な施策を検討いたします。
- 追加的な施策によっても目標額が未達になる恐れが強い場合には、計画自体の修正を行います。

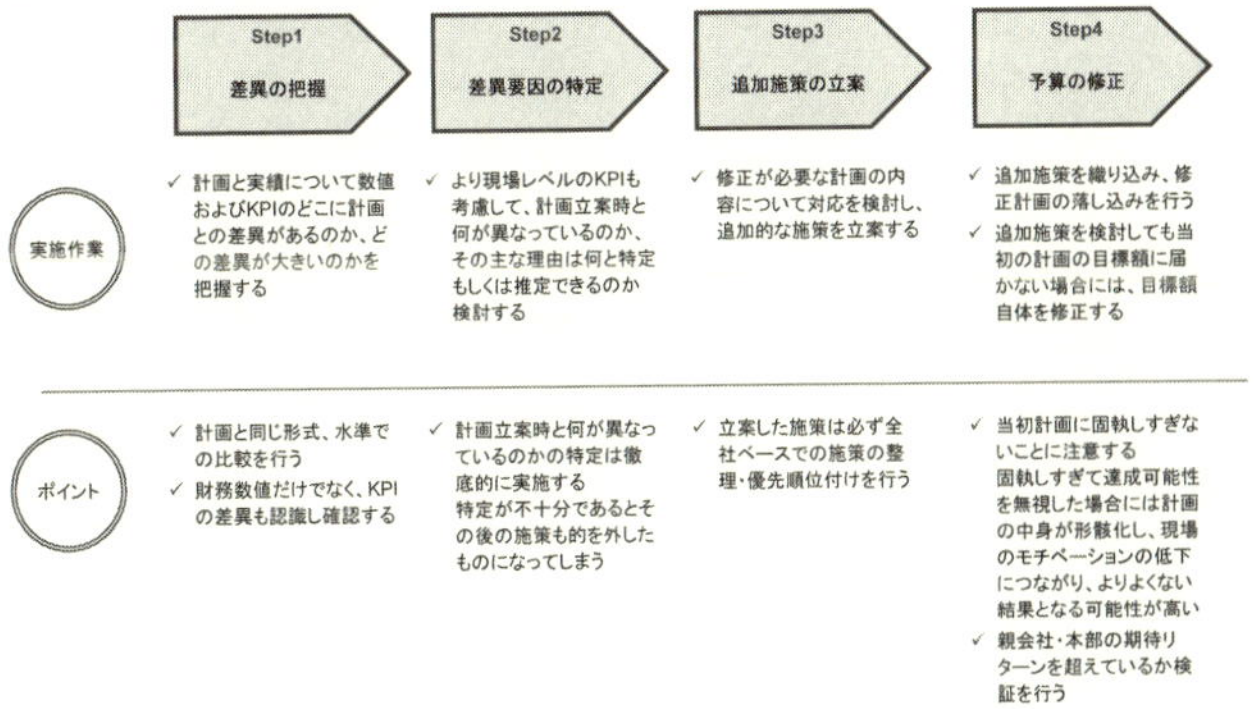

出所：アドバンスト・ビジネス・ダイレクションズ

したがって、予算を決めるものの、それは可変的に変化します。それ以上の効果があることについては資本を投下すべきなのです。

予算統制全体としては、「予実管理表」をもとに、経営会議等では、経営陣が数字を見ながら「売上が未達なのは、どの事業が原因か？」「事業別の売上総利益率は？」「売上は増加しているのに営業利益が減少しているのはなぜか？」など、限られた時間の中で様々なことを議論します。

そこで、予実管理表作成に当たっては、経営会議等の論点を事前に予測した上で、できる限りシンプルで、見やすくわかりやすい資料を作成することが重要です。例えば、次のような工夫が考えられます。

・各勘定科目を売上高で割った百分率（売上比）を表示する

売上総利益率、売上高人件費比率など、各勘定科目を売上高で割ったパーセンテージは、各分析をするに当たり最も重要な指標の一つです。

・売上高、売上原価、売上総利益は、内訳項目として事業別はもちろん商品別の数字を表示する

・販売管理費は属性により分類する

販売管理費は費目により、変動費として売上に連動するもの、従業員数に連動するもの、販売促進に連動するもの、地代家賃のように固定費として毎月一定額発生するものなど性質が異なります。そこで、販売管理費は変動費と固定費に分類し、小計欄を表示しておくと見やすくなります。

・主要ＫＰＩ（key peformance indicator ＝重要業績評価指標）の予実情報を表示する

どこまで細かい数値を表示するかは各企業によりますが、会社全体の予実分析をするに当たり必ず議論にあがる主要ＫＰＩは表示しておくと良いでしょう。

・単月・累計だけでなく、通期予算に対しての着地見込みを組み込むこと

年次予算、四半期予算等に対する進捗度合を確認するために、期初からの月次累計予算実績比較のみならず通期予実見込み比も表記しておくと良いでしょう。

更には前年同月比較や前年同月累計比較、ベンチマークする会社との比較などもあると更に充実度は増します。前年同月比較は成長の度合いや季節変動など様々なトレンドが読み取れる可能性があるので作成することをお勧めします。

・予実差異分析コメントはアクセントをつける

一般的に、予実差異分析コメントは予実差異が大きいものに絞り、一定のルール（例：差異100万円以上又は10％以上）に基づき入力します。しかしながら、予実差異分析コメントの内容は、当月の経営会議等で議論すべき本質的な内容から、出席者全員にとって既知のものまで様々です。入力にあたっては経営会議等で議論すべき本質的な分析コメントに網掛けするなど、アクセントをつけて作成すると良いでしょう。

「影響予測」と「課題達成」

内容については、次のことを心掛けるべきです。それは「原因分析と影響予測」です。ある事象に対して「なぜ起こったのか？」、「その原因は何なのか？」ということは、大体の人が考えることができます。

しかし、「それがどういうことを及ぼすのか？」、「それによる影響は何なのか？」を考えられる人は少ないのです。

何か物事が起こった時、おそらく原因は本能的に考えると思いますが、影響はあまり考えていないと思います。

実は、この原因の分析「なぜ？」も重要ですが、影響の予測「それで？」のほうが物事を判断する上で重要です。

結果の分析は、即座に求められるものではありませんが、影響の予想というのは、悪い事象であればあるほど早めに食い止めるために、早い判断が必要となります。

その事象についての原因分析と同時に、影響予測、メリット・デメリットを含めてどのような影響が及ぼされるかをコメントとして記載します。これにより、どんな環境変化にも耐えうる予実管理となっていくものと思います。

そして、「問題」と「課題」は似て非なるものであり、明確に分けて記載します。問題とは設定してある基準と現実との対策として克服する必要のあるギャップであり、課題とは設定しようとする目標と現実との対処を必要とするギャップです。

例えば、経営指標において、設定してあるＲＯＥ（株主資本利益率）が20％で実際のＲＯＥが18％であった場合は問題、これを25％に向上させる場合は課題ですので、問題は「解決する」と言い、課題は「達成する」と言います。

あと、問題解決は、顕在化した問題、先程の例で言うと株主に20％のリターンを約束しているのにそれを満たしていないので、まずはこれを満たさなければなりません。そしてその更に上の目標を目指すことで課題は生まれます。ですので、課題は現状維持からは生まれないのです。決められた計画以上を達成しようとするときに、初めて課題は生まれます。

問題の対処は当然のこと、想定される様々な変化に対応するため、目標・予算を掲げ、そのための課題を一つずつクリアして、計画達成に近づいていくことを意識して分析することを忘れてはいけないと思います。
また予実差異分析コメントは、当月のみならず、累計や通期見込みを踏まえて作成します。できれば前年対比の分析コメントもあったほうが良いでしょう。

具体的な予実管理手法

この予実管理分析フォーマットは同じＥｘｃｅｌシート上で一緒に管理すると効率的です。具体的には、シート１は前月の予算と実績の比較表（単月・累計）及び通期予算と着地見込みの比較表、シート２は前年対比の比較表（単月・累計）、シート３は予算及び前年実績、シート４は実績（前月まで）、シート５は着地見込（当月以降）としておきます。

そうすると、シート４に前月実績、シート５に当月以降の着地見込を貼り付けるだけで、会議に提出できる予実管理表を完成させることができるようになります。

予実管理表フォーマットは、会計ソフトから出力できる既存の試算表を貼り付ければ一発で作成できる形にする方が良いでしょう。

そこで、Ｅｘｃｅｌフォーマットのシート３は月次予算数値及び月次前年実績を貼り付けておき、シート４は試算表、シート５は各部門に依頼する当月以降の着地見込表をそのまま貼り付けられるようなフォーマットにしておきます。

そして、シート１での予算欄とシート２での前年欄はシート３から計算式により引用し、実績欄はシート４、着地見込み欄はシート５から計算式により引用し、会議に相応しい見た目に整えておきます。

以上により、毎月、試算表をシート４、着地見込み表をシート５に貼り付けるだけで、会議に提出できる予実管理表を完成させることができます。

ただし、これも結構なアナログ作業なので、会計ソフト上で経営会議用のフォーマットが出来上がるようにカスタマイズできれば最高ですが、それが難しければ予算管理システムを作って会計ソフトと連携して、数値を流し込めば出てくるような仕組みを作るのがベストです。

ベンチャー企業の場合、取締役会で報告する月次予実分析資料はＣＦＯや経営企画室責任者が自らの手で作成すべきです。会計ソフトを自ら見て商品別の売上トレンド、支払先及び使用用途別の経費の予実をチェックして、変化の兆しを肌で感じ読み取ることが重要です。

数値を扱う部門は決算数値をまとめるだけでなく、その数値の要因について外部に説明できるように分析した上で、課題や影響の的確な把握、そして施策や戦略を策定しなければなりません。それが上場企業としてのアカウンタビリティ（説明責任）を果たすということです。

「数値」を分析してイノベーションを創造

コーポレート部門は数値に強くなくてはなりません。強いとは計算能力や処理能力のことをいうのではありません。表面上の数値を見て、前年と比べて、良かった、悪かったではなく、その数値の裏を読み取らなければなりません。置かれた市場環境等の外部環境、強み・弱み等の内部資源、前年比だけでなく、立てた予算や競合他社との比較、様々な視点から数値を分析し、その数値から会社の課題や影響を読み取り、改善策を一人一人が考えていく必要があるのです。

会社では様々な課題がありますが、一般的には上場していない会社は数値に対する意識はあまり高くない感じがあります。上場すると否が応でも外部から数値について問われ、瞬間に株価という一つの数値で評価されることになります。

もう一段階ステップアップするために重要な点として、コーポレート部門は、数値から課題を読み取り、改善につなげる能力が問われています。数値を分析し、課題を抽出し、戦略につなげ、そしてイノベーションを生み出すため、せめて、数値ぐらいは頭に入れておく必要があります。

イノベーションを提唱したヨーゼフ・シュンペーターは、経済の発展とは「経済が自分自身の中から生み出す経済生活の循環の変化のことであり、外部からの衝撃によって動かされた経済の変化ではなく、『自分自身に委ねられた』経済に起こる変化とのみ解すべきである」と定義しています。そして、「新結合」（＝イノベーション）が非連続的に現れることができるときにのみ、発展が実現すると主張しています。

まず、数値をしっかりと把握しておけば、数値と日常業務をつなげあわせて見えてくるものもあり、一人ひとりがその認識を持つとイノベーション（新結合）を自ら生み出す強い組織力が身についてくると思います。

そして取締役会や経営会議でフィードバックし幹部層で検証し次なる施策を即座に

考えていくことです。特に経営会議は最低月2回実施（月初と月中）が良いでしょう。

次に述べる「ＫＰＩ管理」は月初の経営会議で速報数値ベースでの共有を図り、経営層で施策を検討します。月中の経営会議で、その施策の状況と確定数値の予実をもとに軌道修正や更なる施策を検討します。

当然、ＫＰＩに関しては社内のグループウェアなどで常に把握できる状況にしておくことが必要です。例えばショーケース・ティービーでは、管理本部の情報システムチームでエンジニアを抱え、このようなＫＰＩ管理を可能とする販売・顧客管理システムを構築しています。現場の状況が逐一把握・共有できる仕組みをつくるとともに現場の要望でシステムを構築したり、双方向の管理、フィードバック体制を構築しています。

「ＫＰＩ管理」の意義

経営計画を達成するためには、ＫＰＩ管理が重要です。前述のようにＫＰＩは「key performance indicator」の略称で、「重要業績評価指標」という意味です。目標達成

★PDCAサイクルとKPI

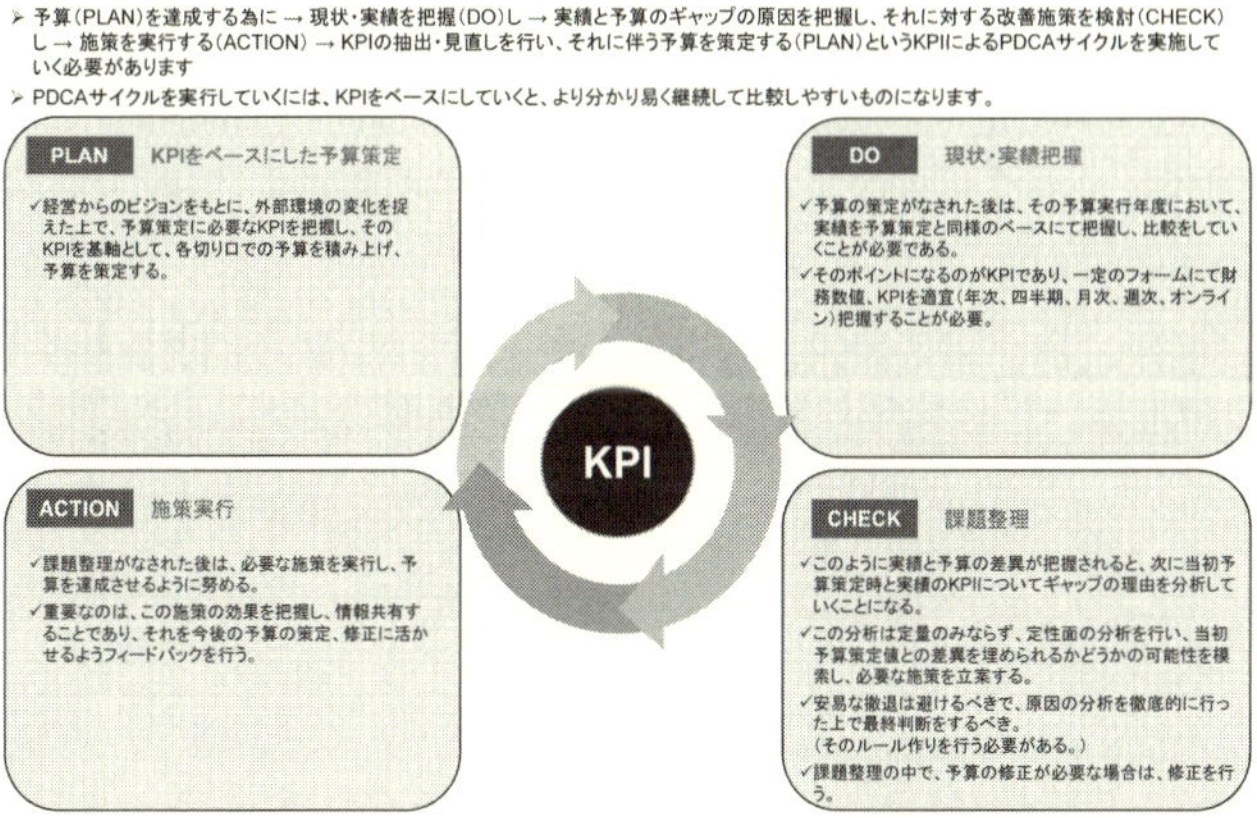

出所：アドバンスト・ビジネス・ダイレクションズ

のための尺度を計るための指標「業績評価指標（performance indicators）」の中で特に重要なものをＫＰＩとします。

「Key」、つまり事業戦略のカギとなる指標ということです。目標の進捗状態を示すための定義するものであるため、ＫＰＩで成約率、成約件数、平均受注単価を設定して次なる施策などに役立てます。日次、週次など一定の期間で業務実績を計測し、進捗状態が思わしくなければ改善点を洗い出します。

また、ＫＧＩの設定も必要になります。ＫＧＩとは「Key Goal Indicator」の略で、日本語では「重要目標達成指標」です。ゴールとなる目標を設定しなければ、何を具体的に改善するのか、どのような施策を実行するのかはあいまいになります。

では、具体的にどのようにKPIとKGIを活用するのか、例えばECサイトを運営する会社の売上予算を達成するにあたり、以下のようにKPIとKGIを設定したと仮定します。

・KPI

インターネット広告による集客5％アップ、検索経由による集客数5％アップ、コンバージョン（成約）率10％改善、リピート率10％改善

・KGI

売上は前期比30％アップ

このKPIとKGIの設定をそれぞれ見ると、KPIは売上アップという目標を達成するために、どのような点を改善すれば良いのかを挙げています。

ECサイトですのでインターネット広告と検索経由による集約、コンバージョン率とリピート率の改善などが目標達成のためのプロセスとして挙げることができます。

KPIを設定するには現状を把握することが必要ですので、KPI設定前にECサイトのアクセス数、流入元、コンバージョン率、リピート率などの分析が必要となり

★KPI 設計上のポイント

➢ KPI を設定する際に、特に注意しておくべき主要な要件は以下の通りとなります。

【ポイント】	【具体的には】
● **企業戦略および事業戦略との整合性** 共通する企業戦略のためには共通するKPI、異なる事業戦略を持つ事業部には各事業部ごとのKPIを設定する。業績評価基準を考える前に業績評価基準を設定し、組織単位を決定する	●プロフィットセンターとコストセンターでは機能が異なるため、同様の評価指標をもつことは考えにくい
● **業績評価基準が具体的行動に結びつくものであること** 業績評価基準は分解され、人や組織の行動指針となるべきものでなければならない	●例えばROEの目標だけあっても業績は改善されない。最終的な企業目標がROEの向上であってもよいが、そこからブレークダウンし、現場では具体的に何をすればいいかわかるようなKPIが必要
● **バランスのとれた業績評価基準であること** ステークホールダーは複数存在するため、業績評価基準は単一ではなく複数の基準を採用しバランスをとる	●株主、経営者、顧客、従業員とステークホルダーは複数存在する。どれか一つに注目したKPIでは企業としての存在価値を向上させることができない
● **客観的に評価できること** 業績評価は公平なものでなければならない。公平性を保つためには業績評価基準がオープンにされ、かつ数字を用いた客観的なものでなければならない	●定性的で抽象的な業績基準では、客観的にその公正さを判断することができず、評価をする人間によって評価結果が異なる可能性がある ●前年度、類似企業等との対比ができる業績評価指標が求められる
● **継続性、迅速性、簡便性があること** 業績評価は一度きりのものではなくPDCAサイクルに基づき、継続的に活用することが重要となるため、継続的にかつ迅速に情報が入手できるものでなければならない。また、情報の入手、評価基準への加工が容易であることも重要である	●KPIの結果から問題点が発見される場合もあり、月初など早い段階で情報を入手しその対策を立てる必要がある ●KPIに複雑なものを使用した場合、KPIの算定そのものに時間を有してしまう。そのため問題点の発見が遅くなり、発見した時点ではすでに経営リスクが拡大してしまっている可能性がある
● **非財務指標の活用** 財務指標は客観的であり優れた点を有しているが、内在するリスクを的確に把握し、将来の意思決定に活用するためには、財務指標だけでは十分ではない。評価基準のバランスをとるためにも、非財務指標の活用も検討する必要がある	●財務的指標のみでは、短期的効果の追求に陥りやすい傾向にある ●単に数字だけの定量的な評価だけでなく、営業努力や自己啓発など定性的な面で評価することも検討する必要がある
● **定期的なフォローアップ** 業績評価基準は作成しただけでは機能しない。定期的に業績評価基準に基づき問題点を把握し、是正を図ることが必要である	●各組織の状態を月次単位で把握し、問題点を早期に発見してその対策を立てることが重要である ●業績評価マネジメントプロセスを支える効果的なインフラが必要である

出所：アドバンスト・ビジネス・ダイレクションズ

ます。

改善の余地がある点に関してはＫＰＩとして改善数値を上げることにより、具体的にどのくらい改善を目指すのかがハッキリと認識できます。

ＫＰＩはプロセスの実施状況を計測するために、実行の度合い（パフォーマンス）を定量的に示すものです。ＫＧＩ達成に向かってプロセスが適切に実施されているかどうかを中間的に計測するのがＫＰＩなのです。

「ＫＰＩの設定がない＝中間目標を持たない」業務は当然ながら効率も落ちます。モチベーションを持続させ引き上げるためには、各人のセルフコントロールも必要ですが、チームで共有できる中間目標の設定が大切です。

ただし「ＫＰＩ」の想定がずれれば「ＫＧＩ」の結果も大きく変わります。「ＫＰＩ」の設定には目標（ゴール＝ＫＧＩ）に対する戦略の理解と、実行する戦術をよく考え指標を設定したいものです。

ＫＰＩ特定にあたって、「ＳＭＡＲＴ」という頭字語がよく使われます。ＫＰＩには次の要素が必要とされます。それは、Specific（明確性）、Measurable（計量性）、Achievable（達成可能性）、Result-oriented or Relevant（結果指向または関連性）、Time-bound（期限）です。

定めたＫＰＩをグラフ化して職場内で「見える化」すると、より効果が上がります。目標を細分化するために細かな数値目標を設定したところで、それを継続して達成していかなければ意味がありません。

グラフにすることで自分が定めたＫＰＩをどれだけ達成できているか一目で知ることができ、刺激になります。また「誰かに見られている」という意識から緊張感が出るのに加えて、周囲も「数値が下がってきたね。やり方を見直した方がいいよ」とアドバイスをしやすくなるでしょう。

「遊《ゆう》魚《ぎょ》緑《りょく》荷《か》を動かす」

チームでＫＰＩを定める際にしっかりと頭に入れておきたいのは「どんなに素晴らしい物差しを作っても、それが使われないのでは何の意味もない」ということです。毎月、もしくは必要な頻度で数値を更新し、数値をしっかり分析し、それを社内に周知できるような環境を作ることが大切です。

１人だけ見ている指標が異なる、独自の分析をしているという場合、施策の誤りや、精緻な効果検証ができなくなるといったことが発生してしまい、何のためにＫＰＩを定めたのか分からなくなってしまいます。

ＫＰＩ未達成による改善で取り組まなければいけない項目が山ほどあると、どれから手を着けたらよいのかわからなくなってしまいます。さらに、担当者の目線ではどれも優先度が高く、優先順位が決められないということもよく起こってしまいます。

そんな時は、縦軸に「実現可能性」、横軸に「ビジネスインパクト」を割り当て、それぞれの「優先度」を決めておいた表を作成します。

★改善事項優先マトリクス

優先度		ビジネスインパクト		
		高	中	低
実現可能性	高	1	2	3
	中	2	3	4
	低	3	4	5

優先順位	目標解決日数
1	1日以内
2	3日以内
3	1週間以内
4	2週間以内
5	as soon as possible

目標に対して修正を行う時は、この表に則って行動していくと効果的です。ＫＰＩを達成するために改善策を片っ端から挙げていき、それらに「実現可能性」と「ビジネスインパクト」の観点から、この表に当てはめます。更にその優先度に対して目標解決日数を定めておくことも重要です。そしてスコアの高い改善策、つまりこの表の左上の改善策から実施していくと、効果的な軌道修正が可能となります。

ＫＰＩ管理の目的は信頼ある計画の策定と組織的な情報共有による戦略の継続的管理を目的としていますが、最終的な目標はＫＰＩ管理体制の構築により会社全体の利益貢献し、且つ組織的運用による変革の実

★KPI 管理の最終目標

➢ KPI管理の目的は信頼ある計画の策定と組織的な情報共有による戦略の継続的管理を目的としていますが、最終的な目標は構築により利益へ貢献し、且つ組織的運用による人材育成の実現を目標としています。

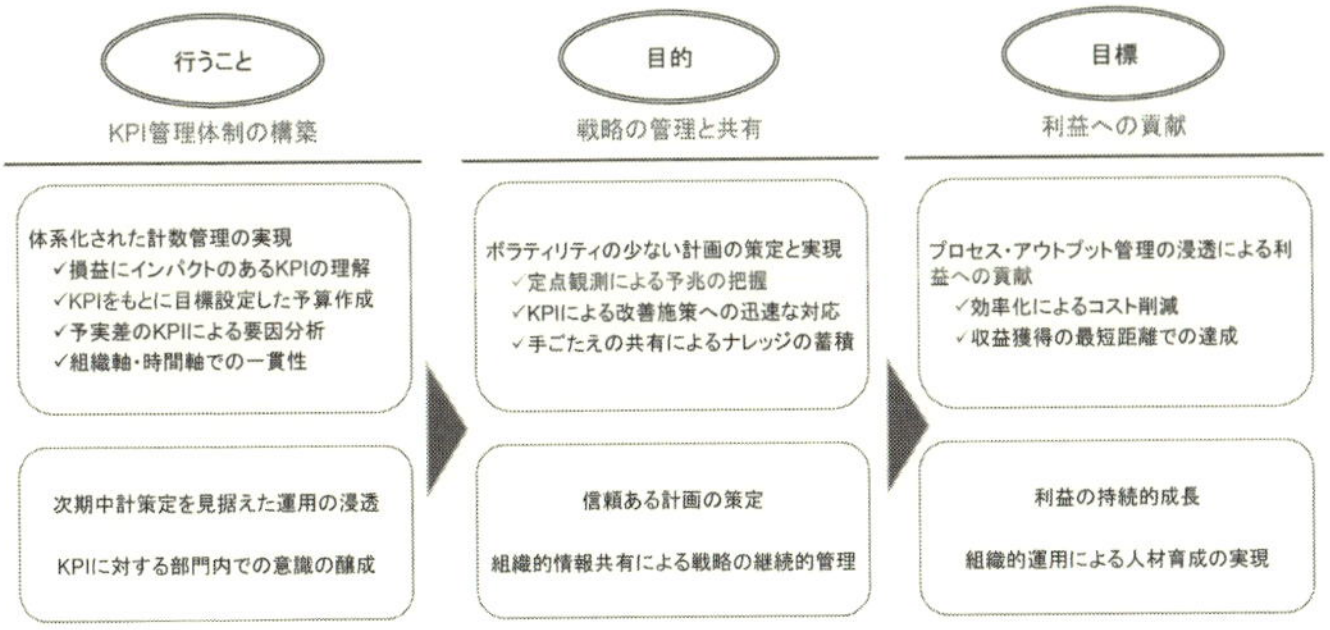

出所：アドバンスト・ビジネス・ダイレクションズ

現を目標としていることを忘れるべきではないと思います。

ＫＰＩという定量的な数値根拠は、組織変革を起こそうとする時に最も高い合理性と説得性を発揮すると言っても過言ではありません。

坂本龍馬の言葉に、「遊魚動緑荷～遊魚緑荷を動かす（ゆうぎょりょくかを動かす）」というのがあります。「池に遊ぶあの魚たちでさえ、自分の思うとおりに浮き草を動かしているというのに、なぜ、人々は自分から動こうとしないのか？」ということですが、会社組織の中でも、上からではなく下からの力によって何か変革が必要なとき、新たな事業をはじめようとするときには、上の大きな力に対する働きかけが必要となります。自分達より力のあるものを動かそうとする時に最も必要なのは「熱意」、ただし熱意だけで何とかなるものではなく、ＫＰＩという数値根拠に基づき合理的に説明し説得させることが重要です。組織の中の一人ひとりが、自発的に熱意をもって会社をより良い方向に変革していくように立ち上がるための一つのツールがＫＰＩと考えなければなりません。

「ＥＣＲＳ」で業務改善

そして、労働生産性をあげることはどこの会社でも経営の大命題です。私は数多くの会社を転職してきましたが、特にオーナー会社は創業者自らの経験から長時間働くこと、休日出勤することが美徳とするような考えが多いものです。まずは、その考え方を捨て去るべきだと考えます。

一つ一つの仕事の目的を明確化して、できる限り短い時間で終わらせることが素晴らしいことと考えることです。

そのためには、「カイゼン」、つまり、「より良く」の意識を持つことです。今まで行ってきたことを最低限の水準として捉え、それ以上のことを達成しようとする意識が大切です。より良く生きることは大脳の前頭葉前野の仕事であり、人間の尊厳の源です。それ故に文明は進歩してきたのです。

一般論ではありますが、カイゼンには次のポイントがあります。

［ＥＣＲＳ］

①排除（Eliminate）：その作業や業務自体を止めることはできないか？

↓そもそも不必要な業務はなくす。

②統合（Combine）：ある作業と別の作業、また一連の作業を一緒にできないか？

↓重複業務をなくす。

③順序変更（Rearrange）：仕事や作業の各要素の順序や持ち分を変更したり、入れ替えることによって効率が向上しないか？

↓業務待機時間をなくす。

④単純化（Simplify）：作業を単純化できないか？

↓複雑業務をシンプルにする。

とにかく、今行っている全ての仕事は勤務時間内で終わらせるため、ＥＣＲＳの観点から見直しを図っていくべきです。しかし、まずに取り組むべきこととして、「簡単なこと、すぐできることはすぐやる」、「言われたことはすぐやる」ことです。これが最も簡単な仕事のスピードを上げる方法だと思います。

これによって、忘れることもありませんし、人から言われたことで仕事が気にかかることもありません。さらにここで得られた時間を言われた仕事ではなく、自分から考える時間に回すことができ、仕事が効率的で質が上がっていくと思います。

物事は考えているうちに迷い、すぐさま時間が過ぎ去っていくものです。また、仕事が残っているとモヤモヤ感が出てきて、優先すべきと先に取り掛かった仕事も手がつかず、集中できない可能性もあります。

当然、優先順位をつけて取り掛かることは必要ですが、とりあえず、簡単にできること、今指示されたことをすぐに手をつけて終わらせることも仕事を捗らせる意味では一つではないでしょうか。

まずは、それを徹底していくことによって、自分の中で優先順位の付け方も身についてくるものと思います。簡単なことをすぐにできないのに、優先順位をつけるという難しい作業の精度が高いものになるとは到底思えません。

特に、上場を目指す会社のステージにおいて最も求められのが「スピード」です。当然、その後は精度の方も求められることになりますが、おそらく精度もこれまで以上、スピードもこれまで以上、そんな中で、どうしたらスピードを落とさずに精度向上を図れるか。その知恵を生み出すためにも、まずは、即やる効果を測定し即修正する。そこも新しい起点、始まりに過ぎません。

ゴールは果てしなく向こうであり永遠に辿り着けないかもしれません。だからこそ意志決定も即時になされ、それは即時実行されなければなりません。

「順境」の時こそ「悲観」せよ、「逆境」の時こそ「楽観」せよ

会社経営、特に上場企業として最も重要なのは第一に、「ゴーイングコンサーン」であること」、第二に「サステイナブル（持続的）成長を遂げること」だと思っています。しかし人生もビジネスも順風満帆には進まないものです。ビジネスは山あり谷ありで、全てが上手くいくわけではありません。

若くして成功を手に入れた起業家の美談など、よく巷で取り上げられますが、実は裏ではそれ以上の失敗を経験しているはずです。またそれまで大きな挫折がなかったとしてもこれから直面するかもしれません。全てが順調に上手くいく人はいないはずです。逆に挫折や失敗を経験していない人はチャレンジしていない、成長していない、変化していない人とも言えるかもしれません。

日本には、かつてはバブル崩壊、2008年にはリーマン・ショックという大きな経済混乱がありました。ここ数年のトヨタ自動車の業績を見ていると、2008年の1兆7000億円の営業利益から2009年は4400億円の赤字に急落、そして直近（2016年3月期）は2兆8000億円にV字回復しています。

私も経験しましたが、純利益で110億円あった会社がその翌年には純損失が300億円に陥ったことがありました。落ちる時は急激で急速なものです。天変地異も、これは自然現象であり、比べられないかもしれませんが、突如としてやって来るものです。この世はそういうものだと覚悟しなければなりません。

順調に思えても、急激な外的変化は突然起こります。「順境の時こそ悲観せよ、逆境の時こそ楽観せよ」という格言がありますが、緊急時では遅いので平常時にどれだけその備えができるかがカギです。

出来る限り悪い状況にならないように対応策を考えることも大事です。よく仕事の中でも、あれもこれもといろいろ気を配り、いろいろな事態を想定して準備万端で臨むと意外に何事もなく過ぎていくことがあります。これは対応策がとれているから、できたように思えるためです。

緊急時の対策に加え、平時に行うべき抑止策を考えるために知恵を振り絞る、ロジカルシンキングで、漏れなく、ダブりなくと考えていくことが大きな変化に対応するための大きな原動力であると思います。

日米の名門、ニューヨークヤンキースと読売ジャイアンツの四番打者として活躍した松井秀喜さんは「生きる力とは、成功し続ける力ではなく、失敗や困難を乗り越える力である」と言っています。失敗に強く、そこから這い上がる回復力があることは個人だけでなく会社においても重要です。1994年に出版され世界的に大流行した、ジム・コリンズの『ビジョナリー・カンパニー』（日経BP社）の一節に、「ビジョナリー・カンパニーのすべてが、過去のどこかの時点で、逆風にぶつかったり、過ちを犯したことがある」とあります。

しかし、ここが大きなポイントですが、「ビジョナリー・カンパニーにはずば抜けた『回復力』がある」ともあります。また、「進化論」を提唱したダーウィンは、著書『種の起源』で「賢いものや強いものではなく、変わり続けるものが生き残る」と書いています。

「真摯さを絶対視」すれば「柳に風折れなし」

会社としては、念には念を入れて作ったとはいえ、計画どおりいかないこと、上場企業であれば業績予想を外すことはあることだと思います。重要なのは、その損失、痛み、失敗を避けるのではなく、その事象に真摯に向き合い「少々の痛みに動じない回復力や柔軟性」を身につけようとする前向きな姿勢であると思います。ドラッカーも「真摯さを絶対視して、初めてまともな組織といえる」と言っています。

もともと我が国では、ビジネスでも学校教育でも「失敗しないように」教える方向が強いと思います。失敗することを恐れるよりも、真摯でない、真剣でないことを恐れるべきです。

また、失敗に対して強くなること、「柳に風折れなし」という諺があります。どんなに強風が吹いても柳の枝は折れません。強風を「しなやかに」やりすごしています。大木は強風に立ちむかって根ごと倒れてしまいます。

会社も、これと同じです。柳のように、しなやかに強風を、やりすごす柔軟さが大切です。大木のように力んでいては柔軟さに欠けます。力んでいると、困難に直面したときそのことで頭がいっぱいになり、身動きが取れなくなります。

会社として、特に上場企業としては、常にチャレンジスピリットを持ち続け、致命的にならない範囲で失敗の経験を積み、真摯に向き合った上でそれを糧にイノベーションを起こし持続的成長を続ける。それにより株主・投資家の皆様の期待を裏切ることなく、継続的に応えていくことが、最も大切であると考えています。

第4章

「上場請負人」と呼ばれるまでの道のり

仕事は「好きなこと、やりたいことかどうか」で選ぶ

本章では、私がなぜ新規上場の仕事に携わることになったのかにつながる、これまでの歩みを説明させてください。

私は北海道出身です。母の実家のある美瑛で生まれました。今では「丘のまちびえい」として全国的にも有名で年間150万人の観光客が訪れています。育ったのは父の実家のある北海道北西部の留萌、正確には留萌郡小平町という所で、昔は海が黄金色になる程のニシンが押し寄せて栄えた港町です。現在でも数の子の生産量が全国の約60％を占め日本一を誇っています。

実家は食料品や雑貨を扱う商店を経営していました。父の高校時代の同級生が食料品や雑貨を扱う商店を開いたところ繁盛していたのですが、更なる発展を目指し、市場が大きい同じ北海道内で札幌近郊の恵庭市に店舗を移転することになったのです。

ただ、その時に留萌のお店にもそれなりにお客さんがついていましたから「それならば」ということで父が引き継ぐことになりました。父の実家は農業を営んでいまし

たが、本人の心の中には、これからの時代、農業にも限界がある、機会があれば商売を……という考えがあったようです。

　また、祖父は教師になりたくて高校に行って教職免許を取りたかったのですが、親の反対や極度の近視もあり教師を諦めざるを得なかったと聞いています。祖父の実家は漁師でしたが、近視のため漁師では食べることができないと考え、仕方なく農業に就いたと聞いています。その経緯もあり祖父も農業をやらせようとは思っていなかったらしく、たまたまいただいたお話に乗ったのです。

　お店は、最初は多少儲かったようですが、非常に苦労をしたようです。私が子供時代に両親の姿を見て感じたのは、「休みがなくて大変だな」ということでした。１年間のうち元旦以外の３６４日はお店を開けていました。周囲のお店も同じように開いていましたから、やらざるを得なかったのです。店を開けたからといってお客さんが必ず来るわけではありませんでしたが、それでも開けるということ自体が大変だなと感じていました。

　公務員やサラリーマンを親に持つ同級生は、休みに旅行に行ったりしているのに、私は旅行にも行けず、子供心にも実家の仕事は嫌だなと思っていました。

自営業の苦しさからか、両親は私に子供の頃からいつも「公務員になれ」と言っていました。自営業は生活が安定しませんし、休みもない。しかし、役所、自衛隊、消防士、警察官などとにかく公務員になることがいいことだ、というのが両親の考えになっていました。常日頃から「退職金や手当のことを考えれば、公務員が一番だ」と言ってそれとなく薦めていました。よほど苦労したのだなと思います。

客観的に見て、私の父は風雪に耐えながらも地道に物を育む農業、私の母は結婚前に従事していた経理事務が向いている人だったと思います。実は商売も好きではなかったのではないか?と感じる部分もあります。今は閉店していますが、父は健康なこともあり、近所の農作業を手伝いに行っています。本人は北海道が好きなので、北の大地で身体を動かして作物を育てるのが好きなのだと思います。

私は、こうした子供時代からの経験で、仕事は「『好きか嫌いか。やりたいことかどうか』で選ばなければダメなのではないか?」と思うようになりました。苦しい仕事でも、それが好きなこと、やりたいことならば前向きに取り組むことができると思うからです。

松下幸之助さんも次のように言っています。

「事を成功させようと思えば、いろいろな知識が必要になってくる。しかしその知識は、好きであればだんだんと吸収できるやろ。はたからも提供してくれるようになる。材料が集まってくる。けど好きでなかったら、目の前に落ちているものでも、それを拾おうとしない。拾おうとしないということは、気がつかないということや。成功しようと思う人なら、人がすぐに捨てるものでも、ああこれは役に立つと拾うくらいでないとあかん」

「親思ふ　心にまさる　親心」

高校は地元の公立高校に通いましたが、大学ではとにかく「東京に行こう」と考えていました。やはり地元にいるよりも、可能性の広がりが全く違うと思っていたからです。

また、私は北海道で生まれ育った身でありながら、とにかく雪が嫌いだったのです（笑）。子供の頃は雪が降ると気分が沈んで悲しい気持ちになっていました。雪を見ると気持ちが滅入るので、半年以上も雪の中で生活することは正直、辛くて仕方がなかったです。雪のない所に行きたい。そして野球が好きでしたから、いつでも観戦できる環境を手に入れたいという思いもありました。

両親は私に「大学に行きなさい」と言ったことは一度もありませんでしたし、行くとは思っていなかったようです。むしろ大学には行って欲しくないと考えていたのではないかと思います。

なぜなら大学を出れば競争社会に巻き込まれいろんな意味で大変になるし、ましてや東京のような激しい競争社会で生き残るには心もとない性格であると思っていたようです。また同級生の中でも大学に行く人間は非常に珍しいという環境でした。私も高校での成績はそれほど優秀ではなかったのですが、何が何でも絶対に受かってやるという強い意気込みで勉強しました。

野球が好きなので東京六大学に行きたい、特に日本の野球の発祥である伝統の早慶戦から、慶応は柄じゃないので早稲田に行きたいと思っていましたが、模試で全く歯が立たなかったので諦め、同じ東京六大学の明治大学に受かることができました。

入学したのは明治大学商学部です。なんだかんだ言っても、親が自営業をしていましたから、経営に近い仕事がしたいと思っていました。具体的には公認会計士を目指して経営参謀やアドバイザー的な仕事を漠然と考えていました。自分がやるというよりも、それを支える仕事をしたいと思うようになったのもこの頃です。その後、多くの回り道、紆余曲折を経る中でも、この思いは一貫して持っていましたし、今につながっています。

せっかく大学に入学したのですが、もう一度早稲田を目指そうと、明治に在籍しながら、1年間受験勉強をする「仮面浪人」をしていました。ほとんど学校に行かなかったために友人もできず、アルバイトもしませんでした。しかし、それでも早稲田に合格することはできませんでした。

大学に入ってからも、親からは「公務員になれ」と言われていました。私は漠然と公認会計士になりたいという思いはありましたが、漠然としていたのと、難しい試験なので大変であるという気持ち故に勉強を全くせず、かといって他にやりたいことも見つからないという状態でした。

2年、3年時は野球好きということもあって、神宮球場でグランドキーパーやボールボーイのアルバイトをしていました。選手と触れ合えるというのが最大の魅力でした。憧れのミスタープロ野球長嶋茂雄さんから直接私の名前入りのサインをもらったことは最高の思い出です。それ以外にもいくつかのアルバイトをして、基本的に親からは授業料と寮の費用しかもらわず、生活費を稼いでいました。

そうこうしているうちに、あっという間に3年間が経ってしまい、引き続き親からは公務員になれと言われ続けていましたから、「じゃあ、公務員にしておこうか」という気持ちで勉強をして試験を受けました。しかし、当たり前ですが、そんな気持ちでは受かるはずもありません。

その後、大学を卒業する時にも親がどうしても公務員にと言っていたのと同時に、私自身、やりたいことが見つかっていませんでしたから、就職せずに公務員試験を受けたのですが、残念ながら合格できませんでした。

しかしながら、私は両親には深く感謝しています。公務員を薦めたのは、いつまでも子供のことを心配している親心であったのだと、自分も人の親になってみてよくわかりました。幕末の志士・吉田松陰が29歳で処刑されたときに詠んだ辞世の句のとおりです。

「親思ふ 心にまさる 親心 けふのおとずれ 何ときくらん（親思う心にまさる親心というが、自分が親になって初めてその気持ちがわかった）」

私の田舎の周りでは大学に行く人はほとんどおらず、そのような環境下、決して経済的に恵まれていたわけではないにもかかわらず、私と、今は亡き弟の2人も東京の大学に出してくれたことに関しては感謝の気持ちでいっぱいです。今の自分があるのは言うまでもなく両親のおかげです。

「凡事徹底《ぼんじてってい》」の精神で№1に

そこでさすがに公務員の道は諦め、民間企業に就職しようと思って入社したのが、東証1部に上場している日本輸送機（現・ニチユ三菱フォークリフト）というバッテリー式のフォークリフトでは当時最大手の会社でした。総合職でしたが営業で、最初は飛び込み営業から始めました。

営業としてずっとキャリアを積み重ねようと思ったわけではないのですが、まずは「営業として人間力を鍛えたい」そして、阪急・東宝グループの創始者・小林一三の言葉にある「下足番を命じられたら、日本一の下足番になってみろ。そうしたら、誰も君を下足番にしておかぬ」と考えていましたから、とにかくまずは営業に一生懸命に取り組めば新しい道も開けてくるだろうと思っていました。

東京都足立区の担当になり、カタログを抱えて倉庫や印刷工場、冷凍工場などを1日に30〜40軒回りました。人一倍歩き回った結果、同期の中で営業成績ナンバーワンになることができました。

この時に学んだのは、当たり前のことかもしれませんが、自らの足で稼ぐことの重要性と、努力をすれば報われるということです。また、営業というと「トーク」をイメージされるかもしれませんが、私の場合は営業をする相手が個人事業の社長さんや工場長さんで年上の方でしたから、とにかくお客様の話をお聞きすることに注力しました。

その結果、後で上司から「お客様から、佐々木君が来てくれると話しが盛り上がると言われたよ」と言ってもらえたのです。商品の優位性をアピールするよりも、お客様の悩みや話を聞いて、人間関係、信頼関係を築くことに重点を置くことの大切さを学ぶことができました。

大学時代に公認会計士を目指していながら、勉強をしなかったと書きましたが、本当は業務におけるスキルや優位性を持った上で人間性を高めることが理想でした。しかし私は先に前者を身に付けることができませんでしたから、まずは人間力を鍛えようと考えたわけです。

余談ですが、現在は勉強をして中小企業診断士の資格も取得していますが、学生時代の何倍もの労力が必要であったと感じています。人によると思いますが、人間力を鍛えるのは社会に出てからでもできますから、学生時代には学生の本分である勉強に励むべきであり、資格などを取って知識を吸収することに注力した方が良いと感じています。

更に余談になりますが、「凡事徹底」という言葉を肝に銘じています。「平凡を非凡に努める」という意味です。

どういうことか、当たり前のことを当たり前にやるのではなく、当たり前のことを人には真似できないほど一生懸命やるという意味です。

ビジネスマンとして結果を作り出していくということを考えた時、難しい業務をこなせる人が凄いという認識がありますが、ビジネス分野で起こることの大半は実は難しいことではなく簡単なことの積み重ねであると言えます。

例えばプロ野球選手で言えば、160キロの球を打ち返す、160メートルのホームランを打つという特別なことは必要なく、140キロの甘い球を確実に打ち返し続けることが求められていると思います。プロなら誰でも打てる140キロ甘い球を確実にヒットし続ければ、1流打者の証しである3割は打てるはずです。

仕事でも、例えば、報告・連絡・相談とか、期限を守るとか、整理整頓とか、新入社員研修で教えられるような当たり前のことを徹底的にやるだけで人より抜きん出て、多くのことは達成できると思います。

「IPO」との出会いと艱《かん》難《なん》辛《しん》苦《く》

日本輸送機の後、私の高校時代の校長先生が明治大学OBのため、就職課に知人がいたことが縁で紹介されて、1999年にコンタクトレンズ専門店・エースコンタクトを運営するダブリュ・アイ・システムという会社に入社することになりました。

明治大学OBである社長が起業された会社であり、将来を見据えて「経営企画室」を設置するので、室長とマネージャの下で機動的に動くことができる若手社員が欲しいということで、私に声がかかったのです。その時に、成長企業の選択肢の中に「I

PO」（新規株式公開）があることを知りました。この時が私のIPOとの出会いです。

当時は何も知識がありませんでしたから、自分でも勉強をしましたし、社長が熱心だったこともあり、様々なセミナーに行かせてくれたことで非常に勉強になりました。現在のベースとなる知識やスキルは、この時に身に付けることができました。今でも大変有難く思っています。

当時、時代は「ITバブル」でした。ちょうど東証マザーズやナスダックジャパン（現ジャスダック）が出来た時期で、ベンチャー企業をどんどん生み出そうという機運が盛り上がっていました。

ダブリュ・アイ・システム社は2012年に東証1部上場で国内最大手のコンタクトレンズメーカーであるメニコンの傘下に入ります。メニコンは直営店を持ってはおりますが中部地区が中心で、首都圏中心に70店舗以上の店舗網を持つダブリュ・アイ・システムの子会社化は両社にとってWIN・WINとなるM&A（企業の合併・買収）だったのではないかと外部から見て思います。

その後、私自身はアーリーステージのベンチャー企業で経験を積みたいと考えて、先端情報工学研究所という会社に転職しました。この会社は「RFID」（radio frequency identification＝ＩＣタグから電波を介して情報を読み取る非接触型の自動認識技術）を使ったソリューションシステムを提供していました。

アパレル企業向けの店舗・倉庫などの在庫管理システムをＲＦＩＤを使って初めて開発した企業で、私が入社した頃は社員数が10人ちょっとという、まさにベンチャーそのものでした。元々はＮＥＣや東芝、松下電器産業などが中心となってＩＣチップなどを研究するシンクタンクとして設立した半導体産業研究所にいたメンバーがスピンアウトして設立した企業でした。

アパレル商品は「生もの」みたいなものです。流行が激しく、季節性も移り替わり、何よりサイズ、カラー、デザインが多様にあるためＳＫＵ（Stock Keep Unit）での管理、所謂マーチャンダイジングと言われますが、どこに何があるかを細かく把握し、店舗、物流、倉庫をシームレスに、リアルタイムに把握し、機会ロスを抑えるための在庫管理をするシステムが求められていました。そのシステムをＲＦＩＤを使って開発したわけですが、黎明期だっただけにまだ精度が低いのが課題でした。

当初、私は経営企画を担当するつもりで入社したのですが、やはり少人数のベンチャーでしたから、とにかく売り込まなければということで社長直轄の会社で唯一の営業担当になりました。まだ世の中になかったシステムを販売するわけですから、本当に大変な仕事でした。

とにかく受注の可能性がありそうな企業にテレアポをしたり飛び込んだりして、有名なアパレル関係の企業や百貨店、ビームスや松坂屋など何社かは前向きに検討をしてくれるところまではいきましたが、結局受注には至りませんでした。この時は、自分が営業として何もできなかったことが非常にショックでした。社長との関係にも非常に苦労しました。

この会社で３ＰＬ（サードパーティロジスティクス）事業に進出し、私は最終的に自社で持っていた千葉県柏市の物流倉庫でＩＣタグ付けの仕事に回されました。自分が望んだ経営企画でも、営業でもない仕事ということで「おまえは駄目だ」と言われているようで、非常に暗い気持ちになったというのが正直なところです。

「晴れてよし　曇りてもよし　富士の山」

失意のうちにその会社を退職し、次に移ったのは当時店頭公開していたコマーシャル・アールイー（現在東証1部上場のシーアールイーが事業譲受）という不動産会社です。物流系不動産のプロパティマネジメント（PM）やアセットマネジメント（AM）に取り組んでいました。

土地を保有しているオーナーさんに倉庫を建ててもらい、それをサブリースで一括借り上げをしてテナントを付けるというビジネスモデルで、オーナーさんにとっては資産運用や相続税対策になるということでニーズもありました。

当時、コマーシャル・アールイーは「店頭公開」をしている企業でしたが、まだ四半期決算ではなく、半期決算でIR（投資家向け広報）という言葉も普及していない時期。ただ、2003年頃でしたから、1990年代の日本のバブル崩壊や金融危機以降値下がりしていた不動産価格も底を打ち、「J―REIT」（不動産投資信託）もでき、不動産業界も「さあ、これから」という時です。

そこで、サブリースに加えてPM・AM事業に注力、そしてアパマンショップネットワークと資本業務提携して持分法適用会社となり事業連携や人材交流など緊密な関係を築いている時期でした。そこでそのハブとなる経営企画を充実させて事業拡大やIRに力を入れようということで人材を募集し、経営企画の経験があった私が採用されました。

ここでは情報開示のための予算策定、中期経営計画の策定、予実管理、ＩＲなどに取り組みましたが、この会社では上席の役員との関係に苦労をしました。２社連続で社長をはじめ経営陣との関係に苦労をしたので、本当に落ち込み自己嫌悪になりました。

その後、コマーシャル・アールイーは２０１０年に民事再生法の適用を申請し、公共建設が新設した子会社・公共シィー・アール・イーに事業譲渡、現在はシーアールイーとして東証１部に上場しています。

この当時のことを振り返ると、人と人との相性が合わなかったということも多少あると思いますが、その前提となるスキルと、私自身の人間力が足りなかったのだと思います。

私自身に「これだ」というスキルや実績がなかったので、社長をはじめ経営陣と合わないという「人のせい」にしてしまっていたのだと思います。スキルや実績があれば自信を持って仕事ができたでしょうし、自信を持って仕事をしていれば社長や経営陣にも認められていたでしょう。

スキルを高める、知識を得る、実績をつくる、そのためにＩＰＯを実現して、その企業に貢献する――。それを改めて目標にしました。それ以外にも人間力を高めようと、稀代の思想家であり実業家として知られる中村天風さんの本を読み、修練会に参加したりしました。

「晴れてよし　曇りてもよし　富士の山」

富士山は、どんな天候であってもその凛々しい雄姿は変わらない。その不動の状態こそ「絶対的な積極心」である。そして「心身統一」こそが心身ともに健康を保持する重要要素と学びました。今では心の師としており、天風一言一句を毎日読み、誦句集を携帯し隙間時間に読んでいます。

自分は勉強はできないし、能力も高くない。だから人の数倍努力をしなければ人並みには仕事ができない、という思いです。また普通の努力では追い付かず、泥臭く、がむしゃらに踏まれても踏まれても這い上がっていく雑草魂を胸に抱いて、人生を走り続けてきたこと。それが、プロパスト、トランザクション、ショーケース・ティービーという3社のＩＰＯに携わることにつながったのだと考えています。

第5章

「経営参謀」の心構え

「経営者意識」を持つ

改めて、私自身として3社のIPOに携わって思うことは、IPOはベンチャー企業にとっての大きな節目であると同時に、さらなる飛躍のためのステップだということです。

1回だけではよくわからなかったことですが、3回経験すると、上場のあり方、会社のあり方、経営者の考え方がIPOと、そこまでの道のり、その後の経営に明確に表れるものだということを実感しています。

私は3度のIPOに、経営者を補佐する〝参謀〟のような立場で関わってきました。人からは「上場請負人」と言っていただくこともありますが（正直なところ「上場屋」みたいであまり嬉しくない面もありますが……）、私が強く思っているのは、「とりあえず上場」ではないということです。

大事にしてきたのは、参謀は参謀の立場として、上場する目的を社内外に示し、理解を促し、時には経営者に対しても、その真意を問い続けていかなければいけないという強い使命感です。とにかく上場まで、事務的に持っていけばいいという次元で考えてはいけないのです。

正直に言って、最初に携わり始めた頃は、私もやはり「業務感」が強く、とにかく事務的に上場まで辿り着こうとしていたことは否めません。

しかし、やはり上場をする意義や目的をはっきりと掲げることが大事だということが改めてわかってきました。資金調達や知名度向上など、企業によって目的は違っていいと思いますが、その先にある、会社をさらに成長させ、理念やビジョンを実現する、そこに向かっていく一つのステップが上場なのだということです。

私自身は今、3度のIPOの経験を経て、上場企業取締役という立場にあります。よく、若手時代から会社のことを考える時に、様々な場面で「経営者意識を持て！」と言われることが多くありました。しかし、これまでの自分の経験を振り返っても、一スタッフ、一社員としてそうした意識を持つのは本当に難しいことだと実感しています。

真のプロフェッショナルとは？

ただ、私が自分自身の中に持っていたのは「覚悟」を持って仕事をするという意識です。もちろん、一社員の立場で仕事をしている時には、最終的な判断はその時の上司や社長を始めとする経営陣がすることです。

当然、一社員として判断を仰ぐわけですが、その際に全ての判断を丸投げしてしまうのではなく、「自分はこう思う」という意思、意見を持っているかどうかで仕事の内容も変わってくるのではないかと思います。

会社は組織で動きます。組織上の様々なことで、実際には難しいのは重々承知の上ですが、やはり「もし、自分が社長だったら……」、「自分が独立して個人事業をしていたら……」、どう考えるだろうかという意識の下で仕事をすることが大事なのだと思います。

私自身が、こうした「経営者意識」を考えるようになった最初は、やはり実家が商売をしていたことにあるのかもしれません。小さいお店ではありますが、個人事業主として資金をやりくりするのは大変な事です。そして、いつの頃からか自分の中で、どんな立場にあっても、ただ自分で決めずに人に動かされるということはしないと決めていたような気がします。

当たり前のことですが、人として生きていく時に、自分の人生を決める判断をする際には多くの場合、他人に判断は仰ぎません。学校などの進路を決める際でも、もちろん親や他の人の意見は参考にするものの、最終的に決めるのは自分です。決めてもらって動くわけではないのです。

それは仕事の中でも一緒なのではないでしょうか。先ほども触れたように組織ですから、最終判断は社長や上司が行うのは当然のことです。しかし、自分なりの意志、意見を持った上で判断を仰ぐという意識は、そこから自分が次のステップに進む時に、人との大きな差になってくるのではないかと思います。

意識として持っておく必要があるのは、最後に自分を守ってくれるのは自分だということです。会社は当然、可能な限り雇用を守るために努力します。しかし、経済環境によっては、雇用が保証されない場合もあり得ます。こうした意識は、大企業にいようと、中堅・中小企業にいようと、変わらず大事なことではないかと思います。

だからこそ、どの会社に行っても、独立しても生きているだけの、自分なりのスキル、「手に職を付ける」という意識を持つことが大事です。そしてそれが真の「プロ意識」だと思います。

余談になりますが、私は現在妻と共働きですが、毎日2人の子供を保育園に送って行ってから出勤しています。自分としてはこの機会に仕事と家庭の両立にチャレンジしたいと考えていますが、人の上に立って仕事をする立場であるならば、またプロフェッショナルであるならば、仕事を優先すべきと考えています。

松下幸之助さんも「3分の2は仕事に打ち込む。3分の1は家庭を大事にする。そういう男性が理想の男性でなかろうか」と言っています。時代が違うと言われるかもしれませんが、どんな状況や事情があっても覚悟をもって最後まで仕事を完結する人が真のプロフェッショナルであると考えます。

また、悪く言われることもありますが、「人の目を意識する」というのは時には重要なことだと考えます。人の印象に残る時はどんな時か？いつもと違っていた時、人が想定したこと、イメージしたことと違っている時には印象に残るものではないでしょうか？

なぜでしょうか?それは「意外性」があった時だということが言えます。その意外性とは何か?いい意味では、期待以上のことをした場合、悪い意味では、期待外れの場合です。

仕事で言えば、期待以上の仕事をすることは非常に大変なことです。残念ながら、期待は裏切られることのほうが多いものです。期待は基本的に自分の都合の良いように人に対して持つものだからです。

しかし、本物のプロとは?ということを考えた時、「どう期待に応えるか?」を考えるのは重要なことだと思います。超一流は期待を遥かに超える仕事をする人のことを言います。これはこれで非常に立派なことだと思いますが、私はむしろ、人々の期待通りの仕事を継続的にできることが超一流だと思っています。

常に自分への期待を客観的に捉え、期待感も常に変化する、そして常に上がっていくものだと考え、現状に満足せず、その期待に常に応え続けていく意識が重要になります。

偉人に学ぶ

多くの経営者のみならず、一般のサラリーマンの方々も含め、ビジネスマンとして参考にする経営者、偉人はおられると思います。

私にとって経営者では月並みかもしれませんが、パナソニックを創業し、「経営の神様」と言われている松下幸之助さん、そして京セラを創業し、ＫＤＤＩの設立や日本航空の再生を実現した稲盛和夫さんです。個人的にお２人に共通していると思っているのは、「人間力」を高めることを重視している点です。私にとって、人間力の向上、成長は人生のテーマです。

自分自身の人格を向上させることが社会の成長に寄与、貢献することにつながる。だからこそ、社会に貢献するために自分も成長する必要がある――２人の偉大な経営者の教えに接する中で、こうしたサイクルが非常に重要だということを学びました。常に「社会にためになっているかどうか」を基本軸に持つようになったのです。

また、このお２人も教えを請うた中村天風さんは心の師です。中村さんは、人間の生命の本来の面目は「創造の生活」である。それは、社会の進化と向上を現実化するために、人間にこのような面目が与えられている。そして、この「創造意欲」は常に価値の高い目標であらねばならないと書いています。

より高い目標を標準として、自分の創造意欲に情熱の火を燃やさなければならないということです。それは第一に「自己の向上」ということです。自己の向上を正しく念願しないで、仕事なり、運命なりを向上させようとすることは、力足らずなのです。

いくつになっても、いかなる場合でも、自己の向上を怠らないようにすること、これが人間の生命の本来の理想的な生き方なのだと、中村さんは言っています。つまり、人間が生きている間は、一日一刻といえども自らを磨き成長し、社会の進化発展のために貢献する、それがこの貴重なる生命を与えてくれた造物主への正当な義務であると言っています。

そして最も参考にしているのは、歴史上の人物ですが徳川家康です。家康に感じる素晴らしさは語り尽くせないくらいにたくさんありますが、何よりも、３英傑と称される織田信長、豊臣秀吉との比較で「凡人」だったのではないかということです。

なぜ、２６５年続く江戸幕府、天下泰平の世の中を築く仕組みを作ることができた

狩野探幽画　徳川家康像（大阪城天守閣蔵）

かというと、やはり「凡人」だったからではないかと思うのです。

先ほどの松下幸之助さんや稲盛和夫さんの本を読んでいても、自らに「能力がない」という風に考えて物事に臨んでいたことが共通していると思います。

特に、稲盛さんの著書には、自分に能力がない、ならばいかに自分の周りにいる優秀な人に気持ちよく働いてもらうか、あるいはその意見を吸収していくかが重要だと書かれています。

家康もそうだと思います。信長や秀吉は、あれだけ強烈なカリスマ性を持ち、天下を獲りながら、1代で終わってしまった。しかし家康の周りには多くのブレーンがいました。

参謀として朝廷や仏教界との交渉に携わった天海、江戸幕府の法律の立案・外交・宗教統制を担った金地院崇伝、家康・秀忠と2代にわたった幕政を主導した本多正信、幕府の基礎を固めた酒井忠次、本多忠勝、榊原康政、井伊直政の「徳川四天王」など、本当に多くの人材がいました。

やはり幕府という政府を運営していくにあたっては、多方面の利害調整など難しい問題が発生します。家康はその時に様々な意見を寛容に、広い度量を持って受け入れてきたのです。そうした寛容さがあった方が、人間として絶対に強いはずですし、強い組織を作ることができるはずだと思います。

家康の「寛容」の精神

他にも、家康の生き方は組織のマネジメントという観点で非常に参考になります。時に経営トップに絶対必須の条件と言われることとして、「自分を裏切った人間でも、広い度量をもって受け入れる」という項目が挙げられることがあります。

家康もそうです。本多正信は、反家康勢力の蜂起でもあった「三河一向一揆」で門徒側に参加していますが、後に家康の参謀、生涯のパートナーとなりました。また、徳川四天王の1人、酒井忠次は、家康の嫡男・松平信康が、信長から「武田氏と内通しているのではないか?」という嫌疑がかけられて詰問された際に一切の弁名をせずに結果、信康は切腹させられています。しかし、酒井忠次は徳川四天王の中でも筆頭格の地位に就きました。こうした家康の寛容さは、強い組織を作る上で大きな力になったのではないでしょうか。

信長のカリスマ性や天才ぶり、秀吉の才覚を生かした立身出世は非常に華々しくかっこいいわけですが、家康のように周囲の人間の意見を受け入れて、「参勤交代」「武家諸発度」「禁中並公家諸発度」など継続性のある優れた制度、仕組みを作る方が、結果として息が長かったわけです。「企業の永続」を考えた時には間違いなく参考になるのは家康です。

また、人気作家・池井戸潤さんの小説をテレビドラマ化した、『下町ロケット』(TBSテレビ)を見ていた時も、寛容さの重要性を感じました。

超大手企業である帝国重工が、国内製品のみで製造する宇宙ロケットを計画した際、数多くある部品のうち、ただ一つ、「バルブ」だけが町工場である佃製作所にあったことから、特許を巡る争いが起きます。

帝国重工は佃製作所に特許の売却を迫りますが、佃製作所は拒否、逆に高い技術力を武器に、バルブを納入するという話にまで持ち込みます。

しかしそこで問題が。テストのために帝国重工に送ったバルブの中に不良品が混ざっていたのです。それが、佃製作所社長に不満を持つ社員の仕業だということがわかりました。

その社員は会社を辞め、後に医科大学で心臓の人工弁の研究者となります。その際に、子供たちの心臓に合うサイズの弁がない。そこで古巣である佃製作所を頼るわけですが、普通であれば「裏切り者」を受け入れることはないはずですが、佃製作所の社長は受け容れます。

この場面を見て私は、寛容の精神が家康と同じだと思いました。時にはお人よしのように映るかもしれませんが、人間は全知全能ではありません。人を信じ、そして多様性を受け容れなければ強い組織にはならないのです。経営トップは、その判断ができなければならないのだなと思わされました。

私自身は、そうした寛容の精神が発揮できるとは到底思えません（笑）。

「コーポレート部門」のやりがいとは？

会社における「コーポレート部門」のやりがいについても思うところがあります。所属しているのは思いもよらず配属された人、志望して配属された人など様々だと思いますが、いずれにせよ、やりがいを見つけることは非常に重要です。

大事なのは、やはり自らの役割に対する認識です。コーポレート部門は、直接ではありませんが、実際的には間接的に会社を大きく動かしている部門だと思います。まず、それをしっかりと認識することが重要です。

会社全体の戦略に沿って動くだけではなく、作ろうと思えば、戦略作りから携わることができます。その上で組織作りも経験できる。経営者ではない社員が、ある程度、会社の根幹にかかわる仕事ができるという点は大きなやりがいにつながるのではないでしょうか。意外と、そうしたポジションであることを理解しないままに仕事をしている人が多いのではないかと思いますが、それは非常にもったいないことです。

また、特にベンチャー企業において言えることですが、会社のパフォーマンスが最大化するのは、経営者が最高のパフォーマンスを発揮した時だと思います。コーポレート部門は、経営者に対して、そうした環境を用意するという意味でも重要です。

経営者がきちんとした経営判断ができるように、社内外からの情報提供を含め、徹底したサポートをしていく。さらに、情報を出すだけでなく、コーポレート部門の人間として、時には「自分は、こういう方向で進めた方がいいと考える」といった意見を述べることも必要になるでしょう。

最終判断、責任を持つのは社長です。そこに至るまでの材料は、必要なものであればあるに越したことはありません。当然ですが、その時に経営陣が求めていない無駄なものを出しても仕方がありません。

経営陣、会社がどこに向かって、どんな仕事をしているのかをきちんと理解した上で、必要な材料を出すことが求められます。その見極めをするのも、コーポレート部門に求められる仕事なのだと思います。

経営者は常に忙しいものです。何でもかんでも情報を出していては、逆に判断に困ってしまいます。そこで、何が必要なことなのか、重要なことなのか、そうでないのかといった優先順位も含めて、きちんと整理ができることが重要です。

コーポレート部門がスピーディに、生産性高く適切な仕事をすることで、経営者の判断に好影響を与えるのではあれば、結果として会社のパフォーマンスが上がり、業績が向上し、世のため人のために貢献ができ、社員に対しても還元がある——という好循環を生み出すことができる可能性があります。

また、コーポレート部門は専門性重視の方が多い職種です。もちろん専門的スキルを身に付けることは大切なのですが、それだけだと視野が狭まります。

コーポレート部門の課題はお客様の顔が見えていないことです。もっと、直接お客様と触れて、会社のビジネスモデルを理解すべきです。

私は必ず現場に行くように心掛けています。私が今まで所属した会社の業種は様々ですが、営業同行したり、現地やモデルルーム、展示会に足を運んだり、時には介護や保育の現場で一日働いてみたこともあります。ショーケース・ティービーでも営業同行や展示会に足を運ぶように心掛けています。所属する自社の事業をきちんと理解することが大事です。残念ながら会社のビジネスモデルやお客様に興味ない方も多いのも、また現実だと感じています。

コーポレート部門のお客様は現場と経営陣です。お客様が、何を困っていて、求めていて、望んでいるのか、自分たちの業務で何が必要なのか考えなければなりません。

そして、ベンチャー企業でのコーポレート部門には大企業ではありえない「スピード感」と「朝令暮改」が求められます。大企業に打ち勝つためには超高速での意思決定の必要がありますし、一度決めた方針に関しても状況変化に応じて即座に方向転換する必要があります。「君子は日に三転す」と二千年前でさえ言われていたことを考えると、今日のように環境変化の激しい時代には、日に十転も百転もする必要性があるかもしれません。

優れた経営者は、そもそも多くの矛盾を抱えているもので、コーポレート部門の人たちからはこのような方針がコロコロ変わる経営者には付いていけないという声をよく聞きます。そのようなことに辟易して会社を辞めていく人も多く見てきました。しかし、経営者本人にとっては状況の変化に合わせているだけであり、論理に破綻はないのです。むしろ矛盾していないということは、既存の枠組みに囚われ過ぎているか、これまでの自分の考え方をなぞるだけになっているからであり、そのような経営者はかえって危険と考えるべきです。朝令暮改は悪ではなく善である、コーポレート部門の人はそのような気持ちで仕事に取り組む必要があります。

コーポレート部門は会社を支える重要な役割です。主役ではないかもしれませんが、会社・経営陣を最もサポートする部門である、そういう意識を持つことが求められます。だからこそ、「経営者意識」が必要なのです。

「人の話を聞く」ことの重要性

前出の「経営者意識を持つ」という話にもつながりますが、理想を言えば、社長の立場に立って考えることができることが一番いいわけですが、これは「言うは易し行うは難し」です。

私自身、今も、相手の立場に立ち、それを理解できる人間になりたいと思い続けていますが、非常に難しいというのが実感です。また、ベンチャー企業と、大企業とで求められる資質も変わってくるでしょう。

私の経験上で言えば、ベンチャー企業において、ということになろうかと思いますが、身もふたもない言い方をしますと、ベンチャー企業の経営者の考え方をトレースすることなど無理なのではないかと思います（笑）。そうした、人にはない発想ができるからこそ起業できているという面があるのだと思います。

ただ、やはりコーポレート部門の人間は、その経営者に近いところにいますから、その一部分でもいいので体現できることを目指すことが大事になります。

特にＩＰＯをすると、非上場だった時以上に企業は「公」のものとなります。オーナー経営者としての所有はある程度残りはしますが、パブリックカンパニーになっていくのが上場です。

もちろん、創業者として株を多く保有している場合には上場益は得られるわけですが、ある意味で上場は「私利を捨てる」ところから始まるものだと思います。稲盛和夫さんは「利他心」の重要性を言っています。

「経営判断をする場合、一般的な考え方としては『損得』という利害得失で考えがちですが、真の経営者は『善悪』という基準で判断すべきなのです。言い換えれば、目先の利益ではなく、『利他の心を判断基準にする』ということです。私たちの心にはもともと『自分だけがよければいい』と考える利己の心と、『他によかれかし』と考える利他の心があります。利己の心で判断すると、自分のことしか考えていないので、誰の協力も得られません」

パブリックカンパニーは、私利私欲を捨てた先に、会社のステージが上がり、世界が変わり、私事以上に得るものはあるということを経営者が理解しているかどうかが分かれ目です。これまで経験した会社でもありましたが、オーナーの既得権益を捨てられない経営者は上場がうまくいかないケースがありました。

そして、上場を目指すにあたっては、〝参謀〟であるコーポレート部門の人間が、経営者に信頼されていなくてはなりません。これは経営者の性格、個性にもよりますから、一概に「これだ」というやり方はないのだと思いますが、何にでも共通することとしては、本当に誠実に、誠心誠意やることが、まず第一です。

私としては、前出の新卒時の経験から、自分の話したいことを話すのではなく、相手の方のお話をきちんと聞くということを常に心がけています。経営者が話したいことをきちんと聞く。これを基本にしています。そしてきちんと話を聞いた上で、ガチに考えるのではなく、柔軟に応えることが大事です。

周囲の人たちに聞くと、「聞く」という行為は意外に難しいという声を多く聞きます。それは何故なんだろう？と自分なりに考えると、「聞いているだけだと自分の意見がないと思われる」というようなプライドや、自分が話して物事を動かすことが「善」であり、何か言われたことを聞くだけは「悪」であると捉えられてしまっているのかもしれないと思っています。

しかし私は、経営者に対してだけではなく、一緒に働く同僚や部下に対しても同じスタンスで臨んでいます。その理由は、話すということで、何か「押し付け」になってしまうのではないかという思いがあるからです。いつも、自分は聞く側に回ろうという意識を強く持っています。

確かに私も、「聞いているだけでいいのかな？」と思うことがあることも事実ですが、話すより聞いた方が信頼されるのではないか、というのはこれまでの経験上から感じることです。

マネジメント論について

私がマネジメントで最も参考しているのは、デール・カーネギーの有名著書『人を動かす』（創元社）です。少々長くなりますが、大変参考になるので、ここで引用させてください。

【人を動かす3原則】

1.批判も非難もしない。苦情も言わない。

①人を批評したり、非難したり、小言を言ったりしたりすることは、どんな馬鹿者でもできる。そして、馬鹿者にかぎって、それをしたがるものだ。

②およそ人を扱う場合には、相手を論理の動物だと思ってはならない。相手は感情の動物であり、しかも偏見に満ち、自尊心と虚栄心によって行動するということを良く心得ておかねばならない。

2.率直で、誠実な評価を与える。

①どんな人間でも、何かの点で、私よりも優れている。私の学ぶべきものを持っている点で。

②優れた心理学者ウィリアム・ジェームズは、「人間の持つ性情のうちで最も強いものは、他人に認められることを渇望する気持である」という。ここで、ジェームズ

が希望するとか要望するとか、待望するとかいう生ぬるい言葉を使わず、あえて渇望すると言っていることに注意されたい。

3. 強い欲求を起こさせる。

①常に相手の立場に身を置き、相手の立場から物事を考える。

②自動車王ヘンリー・フォードが人間関係の機微にふれた至言を吐いている。

「成功に秘訣というものがあるとすれば、それは、他人の立場を理解し、自分の立場と同時に、他人の立場からも物事を見ることのできる能力である」

【人に好かれる6原則】

1. 誠実な関心を寄せる。

2. 笑顔で接する。

3. 名前は、当人にとって、最も快い、最も大切な響きを持つ言葉であることを忘れない。

4. 聞き手にまわる。

5. 相手の関心を見抜いて話題にする。
6. 重要感を与える──誠意をこめて。

【人を説得する12原則】
1. 議論に勝つ唯一の方法として議論を避ける。
2. 相手の意見に敬意を払い、誤りを指摘しない。
3. 自分の誤りを直ちに快く認める。
4. おだやかに話す。
5. 相手が即座に「イエス」と答える問題を選ぶ。
6. 相手にしゃべらせる。
7. 相手に思いつかせる。
8. 人の身になる。
9. 相手の考えや希望に対して同情を持つ。
10. 人の美しい心情に呼びかける。
11. 演出を考える。

12. 対抗意識を刺激する。

【人を変える9原則】

1. まずほめる。
2. 遠まわしに注意を与える。
3. まず自分の誤りを話した後、注意を与える。
4. 命令をせず、意見を求める。
5. 顔を立てる。
6. わずかなことでも、すべて、惜しみなく、心からほめる。
7. 期待をかける。
8. 激励して、能力に自身を持たせる。
9. 喜んで協力させる。

【人を変える必要が生じた場合、考慮すべき事項】

1. 誠実であれ。守れない約束はするな。自分の利益は守れ、相手の利益だけを考えよ。

2. 相手に期待する協力は何か。明確に把握せよ。

3. 相手の身になれ。相手の真の望みは何か。

4. あなたに協力すれば相手にどんな利益があるか？

5. 望みどおりの利益を相手に与えよ。

6. 人に物を頼む場合、その望みが相手の利益にもなると気づくように話せ。

この原則では、常に相手の立場に立って考えることが説かれています。そして同時に、人の話を聞くことの重要性も説かれています。

比較するのも恐れ多いことですが、松下幸之助さんや稲盛和夫さんの肉声を聞いていると、流暢に、立て板に水といった感じでお話されるのではなく、訥々と、相手に伝わるようにお話をされています。そうすると「話すのが上手じゃなくてもいいのかもしれない」という自信を持つことができます。

私も部下を持つ立場となって長くなりますが、私の意識の中では、相手を部下と考えずに同じ組織で一緒に働く「同志」だと思って接しています。もちろん、私の管掌する部門における最終的な責任は私が持つというのは大前提です。

ただ、「自分は偉いんだ」、「何が何でも自分の指示に従え」といった考えは全く持ったことがありません。できるのであれば仕事は任せますし、それぞれが自分の力で最後まで完結してもらうということを目指しています。私はそれを支援、サポートすることを心がけています。

マネジメントと言えばよく出てくる、連合艦隊総司令官・山本五十六の格言があります。

「やってみせ　言って聞かせて　させてみて　ほめてやらねば　人は動かじ」

この他にも山本五十六の参考になる言葉を紹介させて頂きます。

「話し合い、耳を傾け、承認し、任せてやらねば、人は育たず」

「やっている、姿を感謝で見守って、信頼せねば、人は実らず」

「苦しいこともあるだろう　言い度いこともあるだろう　不満なこともあるだろう　腹の立つこともあるだろう　泣き度いこともあるだろう　これらをじっとこらえてゆくのが　男の修行である」

私自身できているとは言えませんが、肝に銘じて心がけるよう努めています。

また、みんな上司に対して本音を言うのは難しく、なかなか言わないと思いますが、私自身がオブラートに包んだりせずに、率直に話をするようにしています。時には昼や夜に食事に行ったり、バーベキューを実施したりなどして、ざっくばらんに話してもらうよう心掛けています。

とにかく、自ら情報を共有し、相談するなど本音で話しやすい雰囲気を作ろうとしています。細かいことにもこだわらないように気をつけています。上司のタイプとして、自らのやり方に強く、明確にこだわりを持つ人は、どうしても口が出てしまうと思います。私はそこまでこだわりが強い方ではありませんが、それでも時々口を出したくなる時もあります。しかし、言わないようにしています。逆にその方が部下からの必要な情報が入ってきやすくなるからです。

また、前述の計画策定でも中庸の重要性を書きましたが、世の中では総じて「バランス」が重要です。人間関係も同様でマネジメントも誰かに肩入れすることなくバランス感覚を持って平等に部下にも上司にも接していくことが肝要と思います。

大事なのは人の見えないところでの人一倍の「努力」

私自身も一社員だった時代が長いですから、管理職の立場になった時に、すぐに意識をチェンジすることができたわけではありません。特に難しいと感じたのは、部下同士の人間関係が悪くなった時の調整です。これは苦労をしました。

その時には、2人の仕事の役割を完全に分けるなどして対応しました。人間関係が悪くなる時には、私の経験上ですが、1人の方が一方的にもう一方を嫌うといった形が多かったですから、状況を見ながら、悪感情を抱いている方に気を遣うような形でマネジメントしました。

また、先ほどの家康の話とも関連しますが、私は自分自身に能力がないと思っています。その私が全て指示をして……ということはできません。みんなの意見を自分なりに吸収して、その上で最終的にジャッジするという形にしなければ、物事はうまくいかないと考えています。

私自身が20代前半でマネジメントをやっていたら、そうは思わなかったかもしれませんが、様々な経験や、マネジメントに関する本を読んだ上で、今のスタイルに辿り着きました。

さらに言えば、私自身はコンプレックスの塊です。繰り返し書いているように、自分に能力がないので、みんなが優秀に見えて仕方がありません。私の10倍くらいの能力を持っているように思えるのです。

私が今いるショーケース・ティービーの社員の中には20代で管理職に就いている人たちがいますが、みんなリーダーシップやプレゼン力はじめ能力が高く、私が同じ年の頃はその10分の1の仕事もできていなかったし、実際に能力もなかったと思います。

一方で、3度のIPOに携わり、今は上場企業の取締役を務めさせていただいているという現実があります。同年代の人たちに比べてもいい経験をさせてもらっているという自覚もあります。

能力のない私が、なぜ今の立場に就けているのか？自分なりに思っているのは、とにかく泥臭く、がむしゃらに人一倍努力したこと。そして、多くの有能で素晴らしい人たちと一緒に仕事をする機会に恵まれたこと。本当にそれだけだと思っています。

正直、努力をひけらかすことは恥ずかしいことと私自身も思っており、それをやたらアピールするのは嫌いです。天才と言われている長嶋茂雄さんが次の言葉を言っています。

「努力は人が見ていないところでするものだ。努力を積み重ねると人に見えるほどの結果が出る」

私はこの考えに強く共感します。「燃える男」と言われる神髄がこの言葉に表れている気がします。あの天才でさえ、人の見えないところで人一倍努力していたことが垣間見られます。長嶋さんとONコンビとして巨人軍九連覇を成し遂げた世界のホームラン王の王貞治さんも「努力は必ず報われる。もし報われない努力があるのならば、それはまだ努力と呼べない」と言っています。

メジャーリーガーのイチロー選手も、「努力せずに何かできるようになる人のことを天才というのなら、僕はそうじゃない。努力した結果、何かができるようになる人のことを天才というのなら、僕はそうだと思う。小さいことを積み重ねることが、とんでもないところに行くただ一つの道である」と言っています。

二宮尊徳（金次郎）も「積小《せきしょう》為《い》大《だい》」を説いています。これは、『大事を成さんと欲する者は、まず小事を務むべし。大事を成さんと欲して小事を怠り、その成り難きを憂いて、成り易きを務めざる者は、小人の常なり。それ小を積めば大となる（小さな努力の積み重ねが、やがて大きな収穫や発展に結びつく。小事をおろそかにしていて、大事をなすことはできない）』という意味です。

今の時代、「努力」という言葉はあまり流行らないかもしれませんが、私は本当に大事なことだと思っています。皆さんに、努力をすれば絶対に何かを成し遂げることができるということを強く訴えたいと思います。これは、この本を書かせていただこうと思った動機の一つでもあります。

中村天風さんの教えにも「一意専心、黽勉《びんべん》努力、実践躬行《きゅうこう》」とあるのですが、覚悟を決めて、自分の進むべき道はこれだと思い定め、それに向けて一心不乱に努力し続けることで、目標を成し遂げることができるということだと思います。

「人の一生は重荷を負うて遠き道を行くが如し」

たびたび引用しますが、松下幸之助さんや稲盛和夫さんの著書を読んでいると、あれだけ能力の高い方々でありながら、自らに能力があるとは思っていないと記されています。徳川家康もそうだと思います。もし、家康が自分に能力があると思って行動をしていたら、天下を獲るどころか、若い時には今川義元や武田信玄など周辺の列強、その後は信長や秀吉に滅ぼされていたかもしれません。

やはり自分自身を客観的に見つめて、自らの能力を自覚できるかどうかがカギを握るのではないでしょうか。これはなかなか難しいことで、だいたいの人は自らの能力を過大評価しており、特に様々な経験を積めば積むほどその傾向は強くなります。経験をプラスにできているか?を常に自分自身に問い続けるとともに、常に自己否定する、という相反する2つの意識を持つよう心掛けなければなりません。

そして、繰り返しですが諦めないことが大事だと思っています。私自身、最初のIPOを手掛けるまでに4社で働いていますし、ビジネスマンとしての挫折も経験しました。それでも挫けずにやり続けたことで5社目にしてチャンスが巡ってきました。

そして、マネジメント経験もIPOの経験もなかったにも関わらず、いきなり売上300億近くある上場を控えた企業の経営企画室長ですから、責任の重い立場で大変なプレッシャーです。上場を経験したこともありませんから尻込みしてしまう場面かもしれませんが、そこに勇気を持って飛び込んだことで今があります。何回失敗しても、七転八倒しながら、転んでも転んでも起き上がる――私は諦めが悪いのかもしれません（笑）。

私のこうした考えは、どこから来ているのか？と自分で分析してみたのですが、やはり今よりも明日、よりよい自分でありたい、自分を高めたいという「自己実現」が一番大きい。そして、自分自身には能力がないので人間力を高めることで才能ある周りの人たちに少しでも追いつきたい、というコンプレックスからも来ているように感じます。もちろん自分や家族がよりよい暮らしを送ることができるようにしたいという非常にシンプルな気持ちもあると思います。

多くの方が、そのように思っておられると思いますが、実際に実現しようと思うと、苦難の道が待っていることもあります。私は、できる限りそうした苦難に立ち向かってきました。昔から「若い時の苦労は買ってでもしろ」と言いますが、私はそうした艱難辛苦を乗り越えるのが好きなのかもしれないと思っています。

だからこそ、前出の徳川家康の生き方を参考にしています。私の座右の銘は、家康の人生を表した遺訓として知られる次の言葉です。

「人の一生は重荷を負うて遠き道を行くが如し、急ぐべからず。不自由を常と思へば不足なし。こころに望みおこらば困窮したる時を思い出すべし。堪忍は無事長久の基、いかりは敵と思え。勝つ事ばかり知りて、負くること知らざれば害その身にいたる。おのれを責めて人をせむるな。及ばざるは過ぎたるよりまされり」

おわりに

私は、最初に入社した会社が京都本社でしたので、新入社員研修で1カ月ほど京都に滞在したことがあります。その際、歴史好きも手伝って京都の大徳寺大仙院を訪れたところ、住職である尾関宗園さんの素晴らしい言葉が入った色紙を見つけました。今でもこの社会人スタートの時に発見した言葉を肝に銘じ社会人として生きようと心掛けています。

「人生とは、毎日が訓練の場である。私自身の訓練の場である。失敗もできる訓練の場である。生きていることを喜ぶ訓練の場である。今、この幸せを喜ぶこともなく、いつ、どこで幸せになれるか。この喜びをもとに、全力で進めよう。私自身の将来は、今、この瞬間にある。今、ここで頑張らずに、いつ頑張る！」

私も今まで失敗ばかりの人生でしたが、その時その時で今やるべきことに対し、一意専心、不《ふ》撓《とう》不《ふ》屈《くつ》の精神で一つ一つ困難を乗り越えて、何とかここまで辿り着くことができました。

ただ、このあとがきを書いている今でも、まさか、自分が本を書くことができるなんて夢にも思わなかったというのが正直な思いです。本当に現実なのか?今でも信じられない気持ちと、こうして書かせて頂けた現実を直視すると、これまでお世話になった多くの皆様への感謝の気持ちでいっぱいになります。

この本が、微力ながら、新たに誕生する起業家の皆様やベンチャー企業がさらなる成長を遂げる一つの契機になればと思っています。ベンチャー企業が然るべき姿で社会に出て、パブリックカンパニーとして成長して社会に貢献する、その手段の一つが上場だという認識を、私自身改めて強めるきっかけになりましたし、読者の方々にもそう思っていただけると嬉しく思います。

本を執筆するのは創業者の方が多いと思いますが、私は企業のトップではありませんし、起業をしているわけでもありません。ただ、お読みいただいたように、多少人とは違う経験をしているのではないかと思っています。

その過程においては、自分なりに振り返って必死に一生懸命仕事に取り組んできたとは考えていますが、これに満足せず、このような本を世に出したからには、より一層の責任感を持ち、気を引き締めて仕事に精進していきたいと思います。

本書の執筆にあたり、私のような若輩者に貴重な機会を与えてくださった、『財界』社長兼主幹の村田博文さん、執筆を支えてくれた『財界』編集部主任の大浦秀和さん、そして帯に推薦文を寄せてくださったＳＢＩホールディングス社長の北尾吉孝さんに深く感謝申し上げます。

２０１６年６月

佐々木義孝

参考文献

中村天風『運命を拓く』講談社　1998年
中村天風『真人生の探求』天風会　1947年
松下幸之助『人生心得帳』PHP研究所　2001年
稲盛和夫『生き方』サンマーク出版　2004年
北尾吉孝『何のために働くのか』致知出版社　2007年
山岡荘八『徳川家康』講談社　1987年
司馬遼太郎『竜馬がゆく　新装版』文藝春秋　1998年
ピーター・ドラッカー『マネジメント［エッセンシャル版］基本と原則』ダイヤモンド社　2001年
ヨーゼフ・シュンペーター『経済発展の理論』岩波書店　1977年
マイケル・ポーター『新訂　競争の戦略』ダイヤモンド社　1995年
デール・カーネギー『人を動かす　新装版』創元社　1999年
チャールズ・ダーウィン『種の起源』岩波書店　1990年
ジム・コリンズ『ビジョナリー・カンパニー――時代を超える生存の法則』日経BP社　1995年
史跡足利学校『論語抄』1993年
守屋淳・田中靖浩『クイズで学ぶ孫子』日本経済新聞出版社　2014年
グロービス・マネジメント・インスティテュート『新版　MBAマネジメント・ブック』ダイヤモンド社　2002年

加藤祐司『ＫＰＩの設定と予実管理』アドバンスト・ビジネス・ダイレクションズ　２０１１年
芳野剛史『不況を勝ち抜く予算管理ガイドブック』中央経済社　２０１２年
ジャフココンサルティング公開コンサルティング本部『実戦　株式公開―プロが教える勝利の鉄則』ダイヤモンド社　１９９７年

順不同、その他、新聞、Ｗｅｂサイトなどを参考

【著者略歴】佐々木 義孝
ささき・よしたか　1973年9月6日北海道生まれ。明治大学商学部卒業後、日本輸送機株式会社（現・ニチユ三菱フォークリフト株式会社）入社。2006年にデザインマンション開発の株式会社プロパスト（東証ジャスダック上場）にて最初のIPOを果たす。2010年にセールスプロモーション雑貨の株式会社トランザクション（東証1部上場）にて2度目のIPO、そして、2015年にWebマーケティング支援の株式会社ショーケース・ティービー（東証マザーズ上場）にて3度目のIPOを実現する。IPOを実現した3社の業界、規模は全く異なるが、3社とも業績予想の下方修正なく着地しており、経営マネジメントとして特筆すべき実績を残している。現在、株式会社ショーケース・ティービー取締役管理本部長、経済産業大臣登録中小企業診断士、認定上級IPOプロフェッショナル

実戦！上場スタート

2016年6月23日　第1版第1刷発行

著　者　佐々木 義孝
発行者　村田 博文
発行所　株式会社財界研究所
［住所］〒100-0014 東京都千代田区永田町 2-14-3
東急不動産赤坂ビル 11 階
［電話］03-3581-6771
［ファックス］03-3581-6777
［URL］http://www.zaikai.jp/

印刷・製本　図書印刷株式会社

カバー・本文デザイン　有限会社Dデザイン

ISBN 978-4-87932-118-3
定価はカバーに印刷してあります。